U0789158

金陵全書

丁編・文獻類

胡澹庵先生文集（三）

（宋）胡銓 著

南京出版社
南京出版傳媒集團

圖書在版編目（CIP）數據

胡澹庵先生文集 /（宋）胡銓著. -- 南京 : 南京出版社，2023.6

（金陵全書）

ISBN 978-7-5533-4163-7

Ⅰ. ①胡… Ⅱ. ①胡… Ⅲ. ①胡銓（1102–1180）- 文集 Ⅳ. ①K827=442

中國國家版本館CIP數據核字（2023）第058763號

書　　名　【金陵全書】（丁編・文獻類）
　　　　　胡澹庵先生文集
作　　者　（宋）胡　銓
出版發行　南京出版傳媒集團
　　　　　南 京 出 版 社
　　　　　社址：南京市太平門街53號　　郵編：210016
　　　　　網址：http://www.njcbs.cn　　電子信箱：njcbs1988@163.com
　　　　　聯系電話：025-83283893、83283864（營銷）　025-83112257（編務）

出 版 人　項曉寧
出 品 人　盧海鳴
責任編輯　楊傳兵
裝幀設計　楊曉崗
責任印製　楊福彬

製　　版　南京新華豐製版有限公司
印　　刷　南京凱德印刷有限公司
開　　本　889毫米×1194毫米　1/16
印　　張　108.5
版　　次　2023年6月第1版
印　　次　2023年6月第1次印刷
書　　號　ISBN 978-7-5533-4163-7
定　　價　2400.00元（全三册）

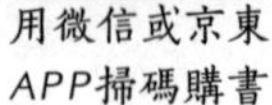

胡澹庵先生文集卷二十三

宋廬陵胡銓著

宜川後學符乘龍斯萬　校閲

鍾蘭映奎　紹虞賡文

嗣孫　澐龍篆　廷棟騎屋

定静園　近仁元長　編輯

逢盛亮釆　值夏道院　永陽院背　仝訂

墓誌銘

龍圖閣學士廣平郡侯程公墓誌銘

淳熙三年八月宣教郎充江南西路提點刑獄司幹

辦公事程宏靖以其先君子龍圖閣學士廣平郡侯行述抵某乞銘某宜和乙巳冬在上庠適醜虜圍京城詔求願使大原者人莫敢往公奮然請行其聞其風而壯之願爲公執鞭而不可得今獲書公之盛德懿範其榮多矣其又奚辭謹摭行述紀其世叙其文行以識其塴公諱瑀字伯宇系出高陽黎爲祝融至周有伯符啓封於程後以爲氏暨伯某父爲宣王大司馬晋大興時元譚持節行新安大守代還百姓遮道請留下詔褒諭卒元帝賜其子孫田宅於新安之

歙縣遂居黄墩侯景之亂靈洗糾合鄉里保黟歙有功仕陳官至司空天建中論佐命功詔配食武帝廟庭其後散徙居浮梁程山者於公爲十世祖高祖延珠有至行喪親廬墓三年鄉先生書其事於碣是生曾祖諱仲卿家法益修謹兄弟五人既降喪共爨而居者餘二十稔王父諱禦好倜儻仗節立義不輕然喏喜交當世賢豪如尚書彭公汝礪度支金公君卿皆雅故樂施與緩急叩門必稱所欲而後已用是家益窶而居之甚安鄉里稱爲長者刻意儒學詩文最

工部書梅公執禮嘗見篇什歎其詞致清婉皇考拼純誠寡欲通諸經尤深於易舉進士不售則高蹈丘園晚以公故封承議郎累贈宣奉大夫尚書左丞石林葉公夢得銘其墓皇妣金氏即度支公之孫累贈大淑人先是王父以季女妻同邑臧氏父而未字王父念之及公之生乃命金淑人舉以嗣其姑故公初爲臧氏其文行曰公在齠稚志氣不羣少長續文請老先生欽祗敬服公慨然抱命世想益自潛心經術冬不爐夏不扇歌聲出若金石人比之范希文云崇

寧三舍法行貢入黌序由上舍擢天下第一徽宗皇帝開設學校文治熠然公於是時挾藝與四海英髦爭長雄每試得雋聲聞籍甚上舍揭榜是日徽宗適幸五嶽觀亟遣中使宣問大魁爲誰中使還奏即去年校定第一者徽宗大喜釋褐授承事郎太學博士時政和六年也宣和元年轉宣教郎二年授提舉京兆府等路學事借五品服陛辭徽宗遽曰卿不須行除卿館職公因論乞試教官不用兩學爲格次論遇祀事乞先以定儀揭示有司除秘書省校書郎四年

轉奉議郎丁藏氏父毋憂服除除尚書兵部員外郎轉承議郎七年高麗使回充送伴使徽宗面諭朕厚遇遠人所至供億有不如法當奏劾公次南京副使劉士元欲奏府中滅裂公曰未見有滅裂處若驟按之恐州縣望風增大事體倉卒間公私不勝其擾士元以爲然先是人使往來淮浙類起丁夫輓船縣卒千人或水溢多溺死者浸滛上聞有詔禁止而提舉人船王珣不悦畫别敕許遇風不順或水溢趣潮起夫牽輓中書舍人孫公傳封還徽宗大怒以散官安

置給事中許公翰駁奏責傳太重落職宮觀及公渡淮所過徯如往日即諭縣令已有御筆禁止淮民不遵守何耶令曰漕提舉約束俱爾其敢違乎遂約士元列奏士元畏珣不敢涉筆公獨銜以聞俄報所列漕及令皆放罷取勘中外始知天子愛民是時封駁久廢方置講議司討論裕國富民之政孫許一時名流相繼論駁士大夫交慶及公奏至不謀而同公議浩然歸重使還陛對遂奏云高麗使入往返淮浙起夫騷擾昨來曾得御筆禁止比至淮浙親見州縣違

矣已按劾閻奏而王珣以臣異議勢必妄有奏陳願
陛下垂察徽宗曰只爲擾民不便珣挾門使王通勢
必欲危以法果誣奏公所至宴飲專務沽譽敢違御
筆按劾州縣乞賜斥責送淮南提舉常平司體量珣
竟坐誣罔是秋引法歸本宗冬金虜陷燕山嫚書旣
至朝廷議和且求願使太原者時北虜入一軍在燕
山二太子斡黎勃主之一軍在太原相國粘罕主之
公率同僚入乞文字惟朝廷所使衆齗齗不可乃獨
抗疏請行遂借給事中奉使河東或以咎公公厲色

曰當朝廷危急之秋苟利國家雖捐軀不計也將行會欽宗皇帝登極虜聞傳位相顧失色且謂契丹昨來事急乃内忌太子得人心遽自戕滅今中國如此事未可量遂有講和意及虜騎將至河上王師焚橋不戰而北京城太震客議南狩右丞李公綱持堅守之説中夜奪其議黎明御翠華門宣諭厲兵城守衆心少定是夕虜使來邀大臣議事詔右丞李棁右司郎中鄭望之往既議金繒之數且許割三鎮地有肯假公户部侍郎河東路幹當公事時秦檜亦假禮部

侍郎往河中初皆未知朝廷遣使之意及見少宰吳敏敏曰此行也實割中山府路地界公與檜各入奏云臣等但願奉使講和未嘗請割地今和議已定而割地則自有主議之人不報即見宰相申前説敏見拒甚力遂行經時在御營司專主戰守方與官屬措置起兵尾擊見公悵然顧曰勉之公曰苟右丞之計成某輩又何足惜夜至虜營無所繫屬樞密路公允廸以坐氈假公席地而卧遲明上馬比去暮則張幕藉草野宿越數日糧糒告竭僅分甌粥既渡黄河憩

於涉上公顧謂同行曰虜未全波間得数萬騎掩擊首尾不相救可以雪圍城之耻矣給事沈公晦曰公將置身何地公曰王師苟有功我輩豈復爲身也將至中山虜命一軍與公俱既至城下諸帥巳先得朝廷密諭俾勿割地城守甚嚴虜使王汭來至城下遥語復不能下遂與俱至燕山而還時靖康元年四月也中朝諸公聞公南歸舉笏相慶謂非唐儉輩可比既至京師對於崇政殿欽宗曰國事艱難極知卿奮不顧身慰勞備悉問虜情何如公對以二太子者雖

未易測然屢云既許我三鎭而一城一縣全未割如九月事不了再領兵南去臣度其意似欲聊得數州以爲名而歸粘罕持軍尤暴悍非二太子比因乞奏修塘濼飭土兵增莫州戍又奏金虜所恃者馬今當修武備爲險阻使不得馳突始可與較勝負欽宗曰卿料虜人今冬來否公曰臣謂必來朝廷以臣爲張皇然臣不敢保其不來陛下第力爲戰守之計庶幾彼不得肆登極覃恩轉朝奉郎至是有旨特轉三官三辭不允除右正言入謝曰臣備員兵部慚未圖報

豈謂誤恩擢寘諫垣大懼無以稱職欽宗曰但知無不言便是稱職公自是苟有所見盡言無諱嘗言興衰撥亂之君不可復循持盈守成之法方今盈成之業既虧衰亂之形已見凡偏而不起之處當力救而急拯之故賢在所急用而佞在所急去利在所急興而害在所急除安在所急圖而危在所急避當今急務一切解弛而股肱大臣玩歲愒日莫肯以身任天下之事欲慕祖宗而法術無追欲斥閹宦而寵任益堅欲鋤奸惡則薄示典刑欲汰謬濫則苟容僥倖棄

聽而不能得其言委任而不能責其効苟且之習復成黨與之私浸廣以調兵則失於不熟講以儲粟則失於不早計輕出號令而不憚紛更耻言財利而不憂匱乏愛民利物之吏未盡序死綏斬級之士未盡録潰潰若此而強敵挠邊長驅之志未艾上下偃然安之自以爲能革前日之弊臣恐前車既覆而後車復不戒也臣望陛下發揮英斷磨礪臣隣毋務苟且毋樂因循如臣所陳最時病之大者悉取而更張之則中興有漸而興衰撥亂可以埒美古人矣欽宗曰

朕非不知但恐慮有未盡决意行之必有所失公曰天下之事故當如此然謀之既審慮之既熟而優柔不斷實隳事政又上疏言昔唐魏徵曰君所以明兼聽也所以暗偏信也陛下兼聽之道雖不廢而偏信之私尚不免何以言之廟堂之上所言公公言之所言私王者不受私也比來宰執進對留身者無日無之以爲公則同列自當共論以爲機事不可不密則在位孰爲不當與聞者深恐喋喋多端足以亂陛下之聽乞明詔宰執各竭已見互相可否務歸至當然

後俱退無復留身庶免偏信之惑欽宗曰近日頗甚當降出文字又曰近日差李綱兩路宣撫外議如何公對曰外議固以爲宜然李綱緣前與大臣議論不同聞命之日再三辭免蓋慮中外不相應今既統軍北去須賴聖明任之勿疑欽宗曰在外軍事如有所聞卿一一奏來公既退乃奏朝廷近賜粘罕書頗加責誚其人剛戾狠愎志在必得太原然頓兵累月而城不下氣亦稍沮若以卑言啗之恐或可解昨聞遣使遺賂與斡黎勃意彼必有厚薄之恨今復以書責

請適足以鼓其怒宜少易書詞又謂州縣募軍有司急於及額往往捕捉平民抑勒刺填遂致行旅斷絶居民驚散乞申明戒諭若抑勒刺填而人品年甲不應者並行斥責又湖南洞兵未嘗遠離鄉土若一例調發恐近則烏竄鼠伏連結蠻獠別致生事遠則在路剽刦流爲盜賊乞行寢罷又京畿保甲幾五萬人合而教之郊外暴露日久因致失業乞止令逐縣訓練乃會集郊外教閲旬日則復歸之以俟緩急期會又論江浙用兵所費浩穰人户入粟輸金命有司按

實補官可矣託爲上書可採效用盡心並理選限依官戶法未見其可且民間出於情願者既少官司必至科配託勸誘之名爲科配之實所得不廣而所害者大臣竊爲陛下不取閩部額外貢茶漕臣趙岍掌內藥局不爲受進畫旨施行公論岍執政大臣不能持正格物乃敢以此嘗陛下昔漢文却千里馬孝和庸主也猶能勑大臣不受龍眼荔枝之獻陛下縱不能比德漢文安可有愧孝和願斥岍勿使衆口騰議歎宗曰朕不嗜此物以備國信所用耳公曰陛下儉

德天下共知此雖微事但恐即位之始此隙一開後必滋甚如國信所用恐亦自有定額時臺諫章疏付中書多沮抑不行或稽留不下公上疏論宰執所行是臺諫何所復言有所言則正與爲敵臣聞君猶心也宰執猶股肱臺諫猶耳目任耳目以廣視聽將以運用股肱今股肱反蔽耳目陛下將誰與爲治乎臣聞真宗時嘗詔諭諫官御史各令舉職仍令中書置籍記其言事行與不行歲終具奏蓋非特稽考所言當否因以知其人亦以防壅蔽之患伏望陛下特賜

舉行仍於廣內創制臺諫章疏總目聽政之暇雍容觀覽不惟裨補治道因考其事有當行而輒稽留未進呈者督之執政庶幾股肱耳目之任不至偏廢而治功可望又論臨御以來搜求疏遠讜直之士布在臺諫虛以聽納是誠有意祖宗之治矣然陛下喜受人言而未可謂善聽言喜受人諫而未可謂善納諫聽言納諫云者必深思而熟計之當理則行不俟旋踵若受而不能用與不受同實無益也欽宗嘉納余應求陳公輔忤執政意相繼去國公論應求公輔踪

跡孤外志操凛然陛下擢爲臺諫士大夫方慶言路得人應求等亦感激奮勵知無不言公道少申邪人側目一旦論事稍涉嫌疑而大臣已有擠陷之者臣恐自此直言之士不安其職欽宗曰二人相與爲黨向日伏闕蓋二人唱之公曰伏闕數千人二臣時爲館職恐不能鼓倡欽宗曰耿南仲親見公曰臣聞方士庶伏闕二人入局爲衆要留南仲宣諭聖旨之時却得公輔轉諭衆人欽宗曰南仲殊不如此説公曰陛下既以南仲之言爲然便當以鼓倡伏闕罷斥不

當因其言事指爲觀望且南仲以其人爲有此事當其初除諫官不奏白何也給事中王雲使虜歸言王汭意望朝廷遣三使至燕山斡黎勃所然後使人導之見其主及粘罕大則不及歲賂小則不須禮物惟約使人客至又云朝廷三遣蠟書至余都悉爲粘罕所得欲敗和議朝廷疑其不實猶豫久不决公上疏乞遣使且言和議成則利歸於斡黎勃否則功歸於粘罕余都之事有無未可知萬一有之而其勢果盛金虜奮自小國强兵力戰臣服諸虜殄滅契丹余都

果能崛起恐一二年閒未能與復今我疆土自與金虜爲鄰而余都乃在雲中之北舍强而就弱棄近而就遠背正道而從詭計失王者御四夷之體又蠟書既爲粘罕所得往結余都者達否未可知乃先絶幹黎勃主和之意計亦左矣就使余都之約已固彼果起事我能興兵出塞與之協力乎兵圍我重鎮累月竭力不能解乃欲出塞與共謀人之國雖三尺童子亦知其不能矣莫若審酌利害早遣使命庶無噬臍之悔至於防秋之計雖和議已定亦不可弛又論李彌

大爲宣撫大臣自當與之和議授成筭以出彌大詣都堂既不得見乃僕僕然日候伺於諸臣之門未聞付以統戎大事行次大名雖有旨改命而勝捷軍處置失所果致敗事至於一行官吏兵馬虛費錢糧不知其幾矣今獨罪彌大可乎王雲使燕山得金虜請和語言入塞七日疾馳至京師正以金虜約使人以七月上旬至彼陛下命宰執求可使者義當朝受命而夕擇人俾有司爲治裝兼程而往今半月矣乃始得一鄧紹密而北去又未有日稽之衆論僉謂徐處

仁吴敏唐恪政事不振陛下深惟社稷安危盡賜斥
免别選英賢共圖大計庶克康濟又言陛下持苟且
之術行姑息之政以節用則浮侈尚多以愛民則凋
敝未息官冗而不知澄兵驕而不知制名曰斥逐邪
佞而多方庇護名曰愛惜名器而不謹差除凡若此
者邊數之不能盡其至急者宦官反側將爲變於内
而不知殺其勢民庶困耗將爲寇於外而不知結其
心臣未知諸臣同朝奏事與留身造膝之言亦嘗及
此乎欽宗雖嘉納而遣使授書不能悉如公所論和

議亦向敗矣他日進見又言四方萬里之遠所恃者監司臣觀見任與差下人尚多不才乞精選省曹臺察卿監中忠直强明之人分治所部庶使遠邇均被實惠蔡京父子童貫朱勔罪大責輕公累疏乞大正典刑又言燕瑛蠹民膏脂以事權幸不當與河陽吕源輕佻恐致生事不宜帥桂州聶昌人質最下不宜尹開封宋瑛妄言上皇忽怒而已解釋乞付有司考核又言曾誠納賂宰相起自廢斥方元若專事請謁秘書兩監安用此流欽宗曰燕瑛誠無所用吕源踪

跡已不佳更要生事安可作帥宋瑛朕知其小人方
元若昨權立螭輒戰灼不能立公曰此亦足以知其
所養又言何執中余深乞詔太常別定謚授深散官
竄之蜀徼又言相州之北有漳河真定之南有滹沱
河積水雖深遇冬淺澁上流可作堰閘倘有緩急亦
控扼之一端又嘗歷數漢唐宦官之禍今不當俾之
叅預外事累數百言凡再上章乞補外不允會侍御
史李公光言星變欽宗問曰卿見之否朕宮人數疢
瞻視及問徐處仁悉言不見公曰臣雖未嘗見然或

以爲有當禳臣聞災異之來要在正厥事修厥德願陛下勿問有無苐察事之正否德之修未自然上天昭鑒變異可消初公再論蔡京等罪欽宗曰只爲吳敏力庇護他公曰陛下既已察見便當親賜處分欽宗曰當即批出後數日事寢公又入奏略及面諭之意敏遂奏公漏楊前語欽宗不以爲罪容勑近臣宣諭且曰程某在諫垣甚宜力至是又謂公曰李光如何公曰臺端之任剛正有守衆以爲宜欽宗曰只有文字論朱勔却黨蔽蔡京公曰臣觀光非黨京者當

是見臣等已有章疏及朝廷已有行遣不復論列欽
宗曰須卿做取文字來公曰臣嘗躬禀聖訓然臣於
光昔爲朋友陛下或全臣私義乞宣論其他臺諫由
是忤旨越數日除屯田郎官又數日有旨與遠小監
當遂添差監漳州鹽税公居言責五十有四日而罷
光堯太上皇帝即位除司封員外郎明年轉朝散大
夫遷光禄少卿第進士廷策攺國子司業聞淑人感
末疾丐外祠主管亳州明道宮紹興元年召赴行在
所入對上疏曰金虜肆亂於今七稔陛下蹊祚自南

都遷維揚自維揚遷會稽惟奔播是避此豈勇真不可敵哉顧吾不敢與之敵耳宜及今預設方畧保護江浙伺間承便長驅直擣此而不爲後時之悔可勝言哉臣敢畫十事仰干宸聽一曰勵志氣夫紂百克而卒無後漢高屢敗而終有天下葢勝負兵家常事金虜志驕氣盈已有可敗之理中國軍摧勢蹙非無可爲之時願陛下念二帝播遷之耻勵志以殄虜則功業之成庶乎可待二曰躬節儉昔勾踐困於吳苦心焦思卧薪嘗膽身自耕作與百姓同勞苦卒滅夫

左而雪會稽之耻衛爲狄所滅東徙渡河文公大布之衣大帛之冠初年戎車三十乘季年乃三百乘詩人歌之望陛下俯酌二君之跡躬自黽勉惟戰士是恤則臣下化服事功可圖矣三曰訪賢才昔宣王承厲王之後興衰撥亂卒爲中興之君詩人推明其所以成功則曰任賢使能而已今陛下所與圖事者不過宰執次則臺諫侍從臣恐尚有困於散地沉於下僚望加意搜訪或召見或任使若各當其任天下事不足爲矣四曰求將帥夫光武所以續既絶之緒者

推寇鄧之勳肅宗所以平安史之亂者稱李郭之功今一二大帥位高金多頗募豢養緩急非所倚臣恐偏裨行伍未必無奇才異能願廣加搜拔士大夫有知兵而尚氣節者尤宜泰用五曰申紀律昔秦師過周北門而免冑超乘王孫滿知其必敗子重問晉國之勇欒鍼謂好以衆整故兵未接刃而逆知勝負者觀其軍行整與不整耳比年以來師無紀律或望風而潰散或逗撓而不知期會虜掠子女焚蕩廬舍此弊不除何以捍敵伏願明勑一二大帥使躬親懲創

以勸率諸將又廣布耳目察訪自今行事有紀勇於破敵而戒於擾人者特加旌賞庶革前習六曰治財賦今日急務莫先於治兵莫急於兵食然自軍興以來埋財之政不修日以困乏乞詔有司修廢弊損浮靡使貨食豐羨七曰廣召募夫秦之未併六國也六國困於秦兵之強然卒亡秦者亦六國乃知人無不可用顧訓練何如耳今淮甸以北金虜蹂躪江南荆湖寇盜殘破伏願飭諸州軍廣行召募精加訓練亦足以抗諸帥偏握重兵之勢八曰治舟師夫三江五

湖之利吳越之所必爭齊楚不能以取勝彼利在騎吾利在舟況金鬣形隔勢絶又非齊楚之比然項者南渡我莫之抗及其北歸韓世忠邀之中流遷延歲月反用周瑜之所以破曹操者全軍北去葢彼多筭而我筭嘗不足是未嘗自治之過也今既駐蹕會稽西則常潤江口東則台明海道而江南密爲唇齒上流沿江皆宜以時措置九曰謹命令夫去兵去食而信不可一日無故民未知信子犯以爲未可用頃年駐蹕維揚衆知夫未可復東也一日下東還之詔識

者重嘆伏願繼今謹於出令期於必信庶幾民聽不惑十曰責事實昔孝宣之治本於綜名實西晋之敗由於尚浮虛國家積弊既緣名實貿亂浮虛日滕又濟以誕謾非掠名欺衆則擇利以謀身非便文自營則倚法以削民願陛下鑒晋之所以亡漢之所以興大變習俗庶事功可成抑臣嘗考夷狄雖自古爲中國患而盛衰未嘗不相因故太王避狄而文王致昆夷之駾漢高厄平城而武帝窮漠北之師陛下脱身重圍崎嶇河朔握圖籙膺數有歸天心眷佑亦可

卜矣願思寄託之重審危殆之機歷考古今之變屈群策以立非常之功天下幸甚又言臣聞君子安不忘危去年金虜偶不南渡今劇賊李成勢稍衰弱臣愚過計深懼危苦之言不達於聖聰或者玩日苟安不虞禍發幸陛下深思遠慮夙夜以定傾扶危勵志庶禍亂可弭太上方欲擢用公而任事之臣議論不合乃力丐外補遂除直秘閣提點江東刑獄踰年除太常少卿入覲進言曰臣聞三代之得天下也以仁其失天下也以不仁臣竊考聖朝自太祖皇帝揖遜

而履帝位世世相授以仁不襍他術德澤滲漉之久故比歲夷虜寇盜蹂踐焚刼生民亡聊亦已極矣然厥心歸戴未之或改陛下監觀治道灼見根本故比年詔令數下專務寬恤海內幸甚然臣竊慮軍旅未休輸餉方急州縣常賦不能供億勢必至於科擾陛下雖欲辦行寬恤以仁斯民恐未能上副聖意望明詔宰執俾求通練財計之人相與講究利病省節浮費使國用贏衍倉卒不致科歛庶有實惠孚於四方又言臣聞學校不修詩人興刺子衿之詩是也臣竊

見此年以來舉人鮮以學業爲事既深可憂而一命以上或才質之美往年得爲教官頗患無缺以處之行在學館局務闕又加少竊懼中人之性不得長養成就而因循汩沒者爲多他日當更乏才望聖慈深以人才爲念特詔州置教官一員使專務教導不但已入官者得以成就而韋布之士知所向慕又言臣嘗典獄江東詣獄閱眡案牘訊問囚徒已量事實責限結絶破械釋繫脫於囹圄者百有餘人復檢眡諸獄囚病而不醫死而不殮者不少甚失哀矜庶獄之

意除具奏施行外竊慮四方囚繫似此甚多望降詔誨飭俾司獄之吏各大書揚榜寘之廳事庶幾遵守法令上稱好生之德上曰士大夫稱卿中外如一即日拜給事中賜三品服嘗言治天下之道必自學始竊惟聖質高明決事之暇躬親國史然人君之學不在章句當考治亂之迹賢否之辨而其要又在於正心誠意又言夷狄之患未有甚於今日然物極則反願與大臣力圖恢復上曰畏首畏尾身其餘幾前年金虜過江官軍接戰彼亦甚多損傷自此可以使人

向前公曰但不退避則兩敵相當未必不勝況以正之理昭然可見頃之兼侍講入謝進言曰臣聞以一人之微臨億兆之衆其萬幾之繁已不勝應至若外有夷狄内有寇攘其難百倍於無事之時疑若日不暇給然文王有容人之不共而帝乃曰無然畔援無然歆羡則其意在於正心光武當漢道之中微崎嶇兵馬而手未嘗釋卷則其意在於務學蓋心正則有以格天下之非務學則有以考天下之理此操至約而施至博之道也陛下天資已有日躋之盛望仰思

祖宗寄託之重俯念羣黎欣戴之誠廣覽博記使忠邪賢否事物之變昭昭乎胸中而又加意於正心誠意之學則聖德日新事功日起矣又言臣聞不畏多難而畏無難故有國家者或無難以亡多難以興夏有后羿之變而少康成其功周有懿王之厄而宣王定其業國家日者禍故不可勝言兩年金虜不果南渡比日寇攘亦向衰息而將驕卒惰民困財殫固未可言平定中原之日然志不素立則因循苟且將無時而可爲伏望陛下萬幾之暇博覽少康宣王之事

思所以申憤而雪耻者詔大臣以捐省末務日爲恢復之策則中興之功庶其有濟又言今日諸將官高而不可使兵衆而不可分有警必不能奮不顧身竊慮其偏裨或有可搜拔任用者伏望陛下降旨令諸大將依頃日侍從薦舉指揮各舉數人陛下即加銓別稍分所轄之兵遇有警急則酌事勢面遣行庶兵不偏重而偏裨之能者得以自見又言金虜狼貪虎噬未有畔岸而兩年不敢南牧者関陝之兵牽制之也比者捷書來上深若可喜然臣方以爲憂慮其不

得志於彼將逞憤於此望陛下建藩維於淮南設控扼於江上而大治舟師以防越軼然後相時料敵為恢復中原計居亡何求對便殿進言曰竊以中否之禍無世無之或侵以衰微則周平王或隨以隆昌則漢光武今日之事欲異乎周之衰微而庶幾漢之隆昌是在陛下而已然籌帷幄者未有出人之畧為將帥者又無捐軀之志則日復一日人情更益怯懦弛懈無復奮發願陛下考光武躬臨戰陣之事以作勵謀臣猛將則抗敵而立國隆昌之漸可立致矣又言

自黠虜作禍於今八年未見恢復才效而日有寇至之慮此誠諸臣不才之過其見任使者既未見豪傑穎出之人而屏遠服沉下僚又未有所簡拔則相與因循苟且深爲可惜望陛下上焉思委任賢能駕馭英雄推誠盡禮之道次焉思策駑磨鈍棄瑕錄善破朋壞黨之術使瓌材瑋器位顯任重而寸長尺短悉爲我用則功效可卜若必守常轍而求異功規近效而圖遠畧非臣所敢知也又言臣伏覩政和間嘗置局裕民宣政間置司講議皆紓急救獘之舉意非不

善一則奪於柄臣隨命即罷一則毛舉細務徒費日用此無他權要無以市恩近倖無以竊寵冗食濫員無以侵耗太倉其實有利於國無害於民而小人皆不便也或以爲拂人心或以爲傷國體興訛造訕乘間投隙故主其事者亦將揺於不任受怨之説不免狗尋常之見持苟且之論惡在紓急救弊哉修政局之建其目曰省費裕國强兵息民是在今日已爲後時頃者陛下發明詔命官吏採衆言又詔條具在内諸司閲兩月而未有施行道途籍籍以滅省爲難竊

憸小人之言浸漬搖感聖意一移則天下事無可爲者伏望陛下照之以不惑斷之以不撓使必如明詔則所謂中興政事此其基也又言國家自播遷以來祀事極爲簡畧雖禮視時而隆殺不得不爾然宗廟之享係在陛下顧累朝御容寄寓遠方迎致實將而祼將不親望詔禮官取孟享之儀酌時度義畧其大而致其實以時設位陛下躬行獻享命下酌之而有司不果施行公再言臣恭讀祖宗故事見仁宗謂輔臣曰朕朝夕奉三聖神御於禁中未之敢怠又見唐

李緈等因奏事言祭祀天地薦享宗廟禮氣敝惡憲
宗聳然曰朕雖以故事祀天地享宗廟不得親行令
宰臣攝事每至其日朕未嘗不夜半即起沐浴盥櫛
肅恭以至明過時方息即飭有司修飾器物務令豊
潔謹具奏呈仰乞酌用又言竊見三衙之兵单弱而
鈌額不補五軍所統雖多招懷撫納之流目今雖未
有他故然李捧崔增韋各將其徒張俊王爕等元無
兵機則控馭之制已大疎畧今欲使三衙之兵漸統
舊額五軍所統隨宜易置散群壞黨新舊參錯庶禁

衛增壯而招懷撫納之流控馭得所不致有意外之
虞今呂頤浩奉廟謨以出征如李捧崔增輩便可俾
隸戎行上曰得處分因曰頤浩熟於軍事令總諸將
外禦秦檜在朝廷庶內外相應公曰內外相應最爲
至急宣王命吉甫北伐而是詩乃言張仲孝友葢非
張仲在內則吉甫不能成功上曰秦檜誠實只爲大
執公曰士大夫操修不美者至多如求機警能順旨
者極不難得但恐不誠實終不可倚上曰此輩亦何
所用朕以至公涖天下見其可用則用之公曰涖天

下者莫大於至公帝王之德所以配天地者以此上曰更要仁要明公曰三者雖異其實一體惟公然後能明惟公然後能仁願陛下以至公爲先又言衞多君子吳季札以爲未有患晉多君子季武子以爲未可媮欲知國家治亂興衰之端當觀其賢才多少今侍從僅十許人自卿監以至館職建炎間裁定員鈌傷於太少時屬艱難正宜招致英傑共圖康濟望博訪妙策搜奇拔穎使侍從官不致多鈌詔增置卿監以下員庶拔十得五一旦有事無乏才之歎又言漢

光武親臨戰陣將士用命是以中興漢室上曰朕方欲措置江上軍將定壘即單騎往按視撫勞亦欲作勵士氣公曰累年金虜入寇悉望風逃遁陛下能屈萬乘則士氣自振矣公既居瑣闥以章奏自任抗論無所阿避會除李邦彦僉書樞密院公論邦彦五罪凡三疏不報委以次官書牘行下公乃乞罷所職除兵部侍郎不拜抗章言臣蒙陛下厚恩擢寘省闥比者輒有駁奏事既不同義宜去位兼臣二親年老且病不能侍是君親之誼兩未盡也上感其言親書章

尾優異職名擇善地以便其私遂除龍圖閣待制知信州侍御史江公躋左司諫方公孟卿爭上疏曰程某有兄弟可以養黄門職典出納顧不留以自助甚爲朝廷惜之上批付右僕射秦檜復除給事中且宣諭上意參政翟公汝文曰給事觀上委曲如此安可復辭入謝上曰給事之設政要駁異豈在雷同朕以卿再三求去勉徇所請然深不欲卿去故再有此授除公再拜謝既出特賜象笏示隆眷也南渡後内藏不復有所積歲撥左藏庫錢帛萬數充之至是復令

支撥免供頗夥公言內藏之建葢深藏厚蓄小欲助有司經費大欲有事戎虜其至仁遠慮則欲警急可以取辦不至橫索於民故真宗宣諭羣臣謂所貯金帛備經國之用非自奉也顧外廷不知耳神宗揭號則曰每懷怵惕心妄意遵遺烈顧予不武資何日獻戎捷累朝以來三司缺乏則假餘內庫或累年不能償即命蠲除其事葢可考也南渡以來內藏不復有所積故歲撥左藏庫錢帛數萬巳不爲少陛下宣諭臣僚亦有躬行節儉之言然以臣所見今歲始交秋

而左藏歲供之數已足近日復令免借繒帛不識所費何至若是望陛下俯憂時事之艱難仰觀祖宗之志慮踐節儉之言恤供輸之困使四方之民均知盛德是時都督之建頗合衆情朝廷經遣沿海制置外論洶洶公言臣觀今日退避之計多防守之計少如是則人心摇奪自古兵交勝負繫曲直非必繫强弱金虜之强衆所共知然實負天下之至曲願陛下專以征伐責將帥裕民理財責宰執而宸心孜孜務修厥德上合天心下協民情則金虜之强可以坐視其

弱上曰惟德動天顧朕涼薄有所不能公曰臣觀孟子所云有能有不能有爲有不爲則力之所可能者有爲有不爲耳以陛下天資高明博觀羣籍凡古之帝王有德則興無德則亡者皆無逃聖鑒矣强勉行之必無所不能上曰卿可謂責難於君者久之復申前請御批中出除職名與郡以便温清再議復除前職名知信州矣給事中胡公安國中書舍人劉公正連入疏論公早以文行知名於時忠信可以備獻納正直可以司風憲出爲守臣則布宣德澤位正一國

留在朝列則嘉言正論上沃聖聰所利溥矣爲璃私計孝子之志固切於養親爲陛下計保國之基莫先於得士有旨前降指揮更不施行於是復留太常寺定奉使高麗給賜乞准元豐例上欲加惠遠人詔復增益公言禮儀隆殺當視時宜賜予厚薄當觀民力今所給賜視元豐已爲過厚况復增益尤非所宜舊制右武大夫非特旨不轉劉光世保舉王德張亨等過江繫賊有旨轉行公言右武大夫繫昔日西上閤門使元豐間止於十四員今不知幾倍若人臣皆得

挾法陳請則回授之制殆爲虚設况光世所乞已十二員冒濫甚矣閩賊范汝爲既平朝廷以密院人吏劉希房等十九人有勞各轉一官資公言將士冒矢石於外人吏受恩賞於内理非是方欲作士氣以立武功侥倖之弊豈可承襲臨安府營繕上自侍從近則中貴外及僚屬下至胥吏被賞有差公言移蹕營繕官吏職也苟無曠闕何功之有皆乞寢罷廖元忠爲忠義隊首父子供應民兵錢糧與賊戰擒殺四十四人但補下班祗應公言推賞太薄恐後無以勸勵

是時上方勵精稽古留神經學一日從容與公論左氏春秋窮究指歸且曰胡安國近取政論極好公曰安國經行素高兼達治體朱震亦深此學上乃召用縱又訪人才於公因薦徐俯曾開程俱范仲趙思誠蕭振皆一時名流五月詔侍從條具已見凡可以省費裕國强兵息民者朕無憚改作公上疏以爲國家遭虜寇之禍今兹九年政事束於條例難於改作譬如人家昔嘗富貴中更破蕩今方以漸葺治而費用尚循富實之規然國勢危殆至於今日亦衆人之所

共憂倘使費省而國裕兵强而民息則國家安寧長久之利亦衆人之所共享今日一切鐫罷亦復何辭乃條具當時急務一曰內侍之制比舊歲裁減之外今尚有一百八十餘員臣願以其半爲定額姑去三分之一有缺勿補二曰三省察院人吏三百餘人月費錢二萬五千緡米五百餘石而復省檢正與機速編修檢討等房堂厨客院東厨客司等人各有窠額下至大程官亦復二百人皆可減半三省客院鐫減已定然後取省臺寺監員數量事煩簡悉議減罷只

如御史臺人吏知班共一百六十五人蓋可減三之二其在外州縣乞委監司條畫減放三曰閤門自知閤下迨祇候三十餘人乞減三之一四曰後苑一切工役不切於事宣和末年已議減省靖康初因悉罷廢矣欲乞以事歸工部示人將有恢復之圖不當安於此地所有修內一司並乞廢罷五曰應有實廢而名存如龍圖等閣睿思殿庫官吏之類如親賢宅四方舘舍省都亭驛駝坊牛羊司大醫局東西作坊之類乞并歸所轄本曹六曰伏覩祖宗御歲時祭享未

免薄畧而益王與唐公長國主影前所破食料添厨
知客從人等多仍用舊制欲乞減罷七曰曾任宰執
及武臣遥團以上宫觀差遣多事之時不任事責坐
靡厚禄頗爲無藝乞與減半以次官乞支三分之二
八曰州縣添差官乞減見任官請給人從之半仍免
治事九曰常平不必復立一司只乞别差提刑司幹
辦官一員專管常平職事仍以曾任知縣及通判人
充十曰州縣酒務自來皆知所得不償所費乞酌度
州縣大小召人買僕則省官吏請給免民户折納糯

米其利不鮮十一曰金虜之長在騎今平廣原野欲爭勝則當用車大江長誰欲控扼則當用舟今來舟車皆未嘗講究臣畧計一車一舟之所值適與一馬等苟舟車精脩則動必萬全乞講究製造十二曰諸軍之兵葢患其不多然亦不少矣簡其疲弱而訓練作勵之固可以轉弱爲强惟三衙之兵與諸州禁軍皆額鈌不補則在内禁衛單寡不可不慮在外則備禦全無每一郡有警環郡拱視惴惴然奔竄之不暇豈及議救援哉乞各措置招募十三曰請諸步弓手

統於縣尉鎮塞有土兵統於巡檢一州則有兵馬都監兩縣則有都巡一路則有提刑乞委諸州各選募弓兵使充舊額委提刑察巡尉及都監都巡之疲懦者奏罷之選擇曾經戰陣實有武藝者辟差無事之時各訓練弓兵或有警提刑將都巡都巡將都監都監將巡尉自足以逐捕捍禦不至專遣王師十四曰汾江及淮甸荆湖盜賊殘破去處多有荒棄田地乞募人爲兵分授之使耕殖爲糧免役仰食縣官歲久人必各自爲守其宅如因土風以頒巡社之制換度

牒以免僞造之罪賣官田以助軍需之廣杜豪民猾吏侵盜之虐定役法以免催稅賠納之苦革官吏差替納賂之奸其說甚備悉剴切上契聖心自公之駁邦彥也時相追仇甚深銜以後省封駁紛紜奪主柄之說動上一日私薦席益即取旨趣召即招後省官相見出御批與之同僚相顧默然公曰席益爲人相公豈不知何必引用即入疏論益後數日公爲臺章論罷提舉亳州明道官時起居郎張公燾舍人劉公一正中書胡公世將左右司員外郎林公待聘樓公

照侍御史江公躋司諫吳公表臣皆在逐中四年復徽猷閣待制知撫州州當要衝酬酢叢繁帑庫單匱歲仍饑饉崇仁宜黃寇盜並起歷時不能擒制公至則招材勇士料兵重賞未幾賊黨悉平且命屬縣勸誘豪右損價廣糴四境由是安集旱禱必雨歲不火祲以二親懷歸故里丐祠章再上得提舉江州太平觀六年丁太淑人憂明年丁宣奉公憂服除轉朝議大夫以前職名知嚴州未行改知宣州金虜將南侵公浚隍增陴治甲兵豐廩儲隱然爲江左重及虜敗

比堅辭郡事復奉祠十二年春召赴行在是時和議已成公欲激勵上意使强於爲治入見首叙臣遠去闕廷十有一年金虜兵再南侵陛下隨機應變親授諸將方畧順昌之功尤爲奇偉獨念太上俯憂生民甘心屈已力主和議卒使强悍革心迄從聖欲此豈常情所能測度叓願陛下不以今日爲愈於昔時謂可以少休猶復加强勉焉董仲書謂天欲扶持而安全之事在强勉非虛言也上再三嘉納拜兵部侍郎兼侍讀賜爵鄱陽縣開國男食邑三百户復上疏云

頃年强虜侵軼江淮無不如制非陛下明於料敵審於知己隨事制宜投機應變則事之出於意外恐未可勝言也今虜氣得志驕窮奢極侈骨肉屠戮冦仇環起連年旱乾赤地千里人不聊生我於此時深思遠慮足食足兵以俟其釁安可不汲汲也今日祖宗之故地未復父兄之深仇未雪豈得遂爲休兵偃武計哉臣願陛下勵志而已後數日又言人君上承天而下理人動作云爲嘗仰觀天意俯察人情今日天意人情灼然可見宜乘茲盛際勵有爲之志卒非常

之功上曰前此固不得已今日足可措置景靈宮朝獻後公因進見言土木之功勞人費財營造之過禍敗隨之如近日景靈於外殿之後誠有不可已臣願此外一切禁止竊觀自古中興之君莫盛於周宣而不能無過故詩人箴而不已遂有規規而不已遂有誨誨而不已遂有刺以此見居成功爲難上再三首肯之公復曰凡詩美宣王無幾而考室考叔之章即不言美而實美之臣舊疑此二事無足美者近讀劉向傳見其所謂更爲儉宮室小寢廟始悟詩人之意

語未卒上曰劉向在宗室中至好公曰豈惟宗室中即羣臣中亦不易得向忠於朝廷其淵源蓋自經術中來陛下觀其引經陳義雖後世不復多見上於是歷舉向引經義數處公曰凡向所陳可爲萬世龜鑑願陛下每思其言爲益不鮮上改容嘉納講讀官舊皆有講義以進中間爲侍讀者因陋就寡但書故事進讀不復約文申義發明旨意公乃即所讀隨事深切著明之後嘗入侍從容語次上曰近年侍讀不進講義得卿每事敷陳甚善公曰講義固不必進然但

不明而退則備員已甚臣是以敢致區區上曰嘗讀三朝寶訓至真宗訪通經義者於李至公曰當時至所稱惟崔頤正一人蓋通經之士至爲難得陛下留心經術臣等末學不足以望彷彿然私憂過計自科舉後用詞賦後生工於剽撥苟取科第今治經比詩賦才十之一恐數年之後無復有通經者宜斟酌兩科進士多少特加抑揚使經術不至廢弛乃長育人才之道秦檜謂公曰上宣諭伯寓在經筵嘗說兩科習經者少當如何措置公曰欲使不偏廢莫若經義

詩賦合爲一遂付禮部施行資善堂翊善闕上欲除公以久在告未果及面諭除授之意遂就職進爵子增邑五百户又嘗讀真宗獎擢劉鍇公因言世禄之家鮮克由禮功臣之世賢者之類不可棄遺真宗覽鍇所上不獨嘉鍇之能亦以勸勵士大夫之後用心可謂至遠陛下嘉惠多士崇建太學益甚盛德而選試教養國子之法未聞討論願稽有虞成周之志以詔有司復進疏論治亂安危相爲反復今雖愈於昔年然金虜入寇未嘗一大創艾嘗有輕我意虎狼之

心豈或饜蒲求釁背盟近則數年遠則一二十年不敢保其必不然也今吾所用之兵近更數年遠更一二十年壯者老老者死顧預爲久遠之計增多而益寡使兵日浸强列屯向敵凛乎不敢遽犯若乃民力困乏未有甚於此時者陛下雖屢戒切州縣不得科歛而歲有防秋軍興之費恩於星火供億嘗不出於民是宜省費節用敦本抑末常賦之外一毫不取於民使民力日益厚則邦本固兵益强虜即有窺伺之心亦將潛消陰沮是乃和好久長之策上曰且做

十年公再拜曰十年之說願陛下念茲朝夕不忘又嘗因論真宗時事公謂符瑞固不可謂無然以爲出於天則所以奉天者莫要於德如惑方士道流之說崇飾宮觀廣致禱祠恐不足以當天意上曰天書等事偶出一時寶訓自不須記正所謂書而不法未幾轉中奉大夫試兵部尚書兼侍讀翊善上眷禮雖厚公與端揆議論背馳乃力乞奉祠遂除龍圖閣學士知信州陛辭遣中使特賜御書真草千字文象笏犀帶是時執政侍從皆未之有中外歆羨上饒坑冶壇

廢歲久提點韓球久試圖功妄言寶貨興廢不問山谷有無廣爲虎落儲胥嚴示厲禁樵牧大棘衆庶熬苦之且明諭州縣按舊籍坑户以歲計所負官課責償於其家至有子孫易業數世而繫累淹延毁其家而償逋未足有司莫敢辨曲直民不堪命聞公之來詣府列訴公躬爲審核釐正條白於上球之積憾次於骨髓矣歲甲子夏大水壞城郭屬邑發洪幾千所敗民田廬漂溺不可救公具奏水災異常及寬恤事目請於朝時宰方詠歌太平惡言災異閱所奏請顧

同列曰堯之洪水不至如是公聞之曰時不可爲矣遂轉疾丐祠提舉江州太平觀十六年轉中大夫進爵伯加食邑八百户十九年再任遷大中大夫進封廣平郡開國侯加邑三百又以郊恩加食邑三百爲一千四百户實封一百户或云陞升之許前參知政事李公光私撰野史其子孟堅見知棘寺承柄臣風旨鍛鍊論報謂公不合與李公通書問寄衣帛降授朝議大夫三十二年正月以疾致其事授左中奉大夫辛亥薨享年六十有六遺表聞特贈左通奉大夫

其子曰宏靖以其年十二月返葬於程山之左久之塋側檻泉觱沸用風水家說以乾道丙戌改卜於龍潭之東五里白南鄉松林寺之右毋夫人沈氏實合葬焉子三人長曰宏雅未冠卒次曰宏濟通直郎監建康府榷貨務郎茶塲卒於官季則宏靖女四人長適故文林郎監鎮江府榷貨務門臧栯仲適奉議郎通判南安軍胡璪次適奉議郎新權知汀州汪賡幼適進士臧楠孫八人曰有功宣義郎新通判秀州曰有孚承奉郎廣州增城縣丞曰有元有章有尚有大

有淪有嘉公識趣超詣下筆析理妙處不傳肄業成均試不自見論明大智觀遠近故大司成馮公謂非深於楞嚴者不能進此至論記策則曰詞致大似碑碣自少至老未嘗一日釋卷夜分乃寐博極羣書故其文閎深雅健粹然自成一家既没其纂述有論語說四卷論語集解十卷周禮儀十卷尚書說一卷諫垣論疏奏議各四卷黄門忠嘉經筵講讀三朝對語各五卷資善堂口義二卷飽山集六十卷野叟談古两漢素隱唐傳摘奇詩話雜志各一編惟公所學根

於至正所養全乎剛大於富貴貧賤利害得喪一不以累其心故進退惟道是視筮仕學省道家者流林靈素翻繹道書雜以俚語嘲謔朝野翕然信服大司成李公邦彥率官寮生徒晨往聽講公咈然拒之蔡佃爲司業一日謂公曰何不謁太師太師極相喜嘗云俞李之後大魁久虛便當以立螭處之公唯唯遜謝終不一詣在諫省中臺論思獻納務以責難爲恭而正國體救民瘼辨賢不肖別白是非必反覆爲天子盡言之治郡必舉大綱略苛細鎮以簡靜而矜撫

百姓常務聚所欲而去所惡崇禮教官嚴月試季考親第其高下承學之士翕然向風臨川宣城適當朝廷多故兵征四方調役旁午公應變纖悉有條理軍無乏給而下亦不告病奉養廉約不視故府厨傳雖菲而過客使意無不稱嘗有大將接武至郡燕享禮行物薄而誠至客亦感激公帑主吏按前比白供太守家人飲食張御公曰太守竊厚禄家已温飽公帑有法太守且不可妄費况其私自給乎一切却絶宣城産蜜蜂珍滋爲權門苞苴之計残物厲民舊矣公

下車禁採捕而中朝貴人移書持錢十萬請於公報曰屬巳出教禁止承命不果賡信罷歸韓球憾之未巳行部留郡繩治他日虞兵與右曹椽史必欲得公當官及子弟諸不法事百計摭拾竟無纎芥可以詆傷識者於是知公絜矩之道不特行於朝著達於州郡而所以刑於家者凛凛在古人中矣公登法從二十年三領州麾所至未及書考而去立朝朞有五月餘皆奉祠里居卜築龍潭之場擴溪山之會極登臨之勝建閣其下名曰飽山直北數步復敞東閣積書

萬卷名曰澄懷臨流結亭取元次山漫浪之趣並三吾而概之以漫名曰漫吾循墻脩竹數千挺茂松間出名花嘉木蔭樾左右親友相過則酌酒賦詩彈琴奕碁絶口不談時事賓禮賢師程督子姪口講指授夙夜不倦間有屬計偕取科第而公所以責厲者乃曰讀書修巳任重道遠君子務知遠者大者汝等勿以應舉覔官爲厭足之道一日復命侍前出馬文淵戒兄子書示之曰吾亦欲汝曹以是書書紳又出東坡惠州寄其子門户各努力先期畢租稅之詩以示

之且曰東坡訓子猶致意於租稅況汝等耶自號愚翁嘗自作傳大概云翁嗜學而不能總其會慕古而不得其要短於曲折或又以爲直昧於趨向或又以爲介中無他腸不疑人之欺已或又以爲誠不喜與人校或又以爲長者一切苟且未嘗精思已而知悔後又復然知其爲病而不能改可謂愚矣晩知見譽者過實欲痛刮磨以補過終不見效乃以愚自名以葢不虞之譽葢厚於責已而薄於責人勇於爲善而廉於取名公之至也首推蔭及臧氏弟仕至爲郎所

以圖報鞠育者毫髮無憾既登八座當任子先以子同産弟次於孤姪然後及其息官所不能及者則爲經紀生事甚厚奉家廟嚴春秋二祭簿正儀物豐儉適中以爲可繼可傳之法公簡易端諒不殖産田園所入僅供伏臘嘗有以良田求售者故人參知政事張公燾聞之貸白金一巨篋公瞿然曰人生粗了目前足矣何至苦求贏餘即命歸其金其敬賢下士汲汲惟恐不及人有片善不啻若自其已出襟府清明其平如水借或深情厚貌矯飾求售公雖了見其肺

肝而遇之以誠不惡而嚴彼亦往往悔悟深自愧訟平生予人薦牘未嘗專一介之使與夫假寵姻故以行者於寒門下僚尤加推挽期於必濟至於常布生或袖詩賦書挾舉子業卒然通謁倒屣以迎即所爲文相與切劘商論是非一時名教有所倚賴云公酷嗜論語研精殫思隨所見疏於册練塘洪先生與祖早以是書從公難疑辨惑者二十年晚得公所說即爲序冠其首有曰養孝弟之本厚明忠恕之不二感發於孔子之一射流涕於周公之四言凡若此類皆

古今學者所不能到而考諸行事若合符節有浩然之氣有仁者之勇今之古人也公云亡其書盛行尚書郎魏安行將漕京西鋟板流傳或以示檜檜顧門下士曰伯寓乃著書相謗後世信其言爲是而議我爲何人洪魏何至作序鋟板耶乃令言者論劾洪魏褫官南謫臺符下京西搜書與板焚燬而公之子若孫名在仕牒者廢錮不調復謀所以擠程氏者而檜亡矣初公被疾踰月勢革晨起草遺奏以昇門下士故吏部侍郎余時言俾上之其略云念昔侍於經筵

嘗屢陳其臆說伏願陛下念祖宗付託之重副生民愛戴之勤寶惜寸陰圖廻長策益勵嘗胆之志勿忘在莒之艱咏周孔之圖書措諸行事復文武之境土播以聲詩已而與客對雪奕碁誦莊子逍遥賦絶句其末章句云爐烟一炷明窓下讀盡南華第一篇葢絶筆也令書具言喪葬始末毋得效俚俗浮靡至於孝友恭儉則諄諄誨飭曰能如是可以保家徐顧左右曰去上元不遠矣趣命將衽於中堂期至而逝孔子稱大臣以道事君不可則止子夏言君子有三變

望之儼然即之也温聽其言也厲公實有焉銘曰
氣大以剛塞乎天淵孟軻浩然正諧韶濩勁沮金石
退之渾然折檻攖鱗旋乾轉坤諫草凛然由我者吾
不我者天全名爛然有子有孫益熾而昌益繩繩然
鑽石堋辭與山不磨公論曰然

卷二十三畢

胡澹庵先生文集卷二十四

宜川後學符秉龍斯萬　校閲

宋廬陵胡銓著　　鍾蘭映奎　紹虞賡文

嗣孫　　澐龍篆　廷棟騎屋

　　定靜園　近仁元長　編輯

　　逄盛亮采　値夏道院　永陽院背　仝訂

墓誌銘

易氏夫人墓誌銘

夫人易氏世爲吉之安成望族父翔止一女幼敏慧

殊愛異之及笄擇所宜配得同里劉君京字子高者曰是足依也因歸焉夫人恭勤有識事舅姑盡禮克相其夫以寬厚長者著稱當建炎兵草搶攘之初邑調土著兵以自衛饋餉不繼有倡亂者劉君直前動以禍福歸取槖中之私以給之夫人不靳也衆遂寢謀邑人陰受其賜至今耆舊能言之夫人歸二十有八年而劉君卒諸孤藐然一時强有力者巧肆兼并生理殆盡人私憂之夫人呼諸子戒之曰汝父多陰德後必有興者吾傾奩教汝用成先志兒曹當以詩

書起門户貧不足慮也以故其子孫惓嗜學而忘其饑寒憔悴之態已而第三子易再舉登第第五子懷英凡四舉一爲舉首而中丙科季子具及長孫貫尋亦預鄉薦鄉人歆其榮咸謂夫人之見爲不凡夫人天性慈祥合門不啻千指均愛如一中外乏絶賴以供億者甚衆既諸子以儒學顯訓飭諸孫尤力即所居之南爲塾明窓静几日延師友遊息其間夫人每聆絃誦聲時徃聽之率宵分乃寐先是易尉宜春奉夫人扳輿終秩迨懷英爲臨汀椽易亦授贛之學官

汀贛接境同侍夫人以行奠後日自汀之贛便迎養夫人至汀踰年偶報歸志若有所悟者到家未一年果嬰微疾以淳熙二年閏九月初二日終於寢享年七十有七夫人頗達生死理預作送終之具甚悉至疾革盡屏醫藥精爽不亂豈果有所悟耶太上皇之慶壽於慈寧宮也夫人年且軼格諸人欲保奏夫人曰學者以不欺君爲主使汝有立一命之封未晚也癸巳郊霈諸子固以請夫人却之如初其守正多此類生男六人長黼次黻黼先夫人卒次易廸功郎贛

州州學教授次澄次懷英廸功郎汀州司户參軍次具鄉貢進士一女適鄉貢進士柴端夫孫男十七人長貫鄉貢進士次貢賀賁賚實誦謐諤謙詹許詠午皆力學餘未名其長五人者已馳騁塲屋矣孫女三十人長適進士郁大成次適承信郎曹宗説次適鄉貢進士彭圖南餘在室曾孫男一人曾孫女四人皆幼易儒雅聲稱籍甚予爲秘書少監時參詳省闈得君文讀之喜曰醇儒也既官宜春洗手就職予然後自慶得人懷英妙齡秀發聲噪塲屋其雄文與學後

進翕然宗之既累舉擢第人皆期之遠到初官於汀當路如舍人王公敷文楊公直閣呂公一見待以國士即疏其文章行藝章交公車會八狀薦擾江西犬牙汀境八牀謂茶也汀爲福建上流一路休戚繫焉諸公以懷英爲能委佐戎幕懷英出奇固圉賊不敢犯諸公將列於朝而夫人訃至戴星奔馳抵家甫及卒哭竟以哀毀屬疾不起有識之士莫不太息流涕卜以淳熙三年十月初二日壅於邑之新樂鄉城門岡黄石之原易以同年進士宣教郎知袁州萍鄉縣

臨川王謙狀來乞銘其曰夫人教子無愧劬勤之母矣可銘也已銘曰
嗚呼慈顔如春風兮惜不見桃李實子孫纍纍兮杞梓其質渙榮其春兮天理何必鑽石堋辭以𣪺寥沈些

王氏夫人墓誌銘

廬陵鄉貢進士黃君震之妻王字同英里人存禮之女性柔和幼知書生十八年而歸黃氏時震方清苦蕆生事而夫人奩素厚家政悉尸之故震得以肆儒業姑老疾踰一星終凡飲食卧具必需夫人夫人夙夜供奉必躬必親至櫛纚任負一能適其意莫有倦容歲在乙卯君歸十年矣姑懼其不時有子或請禱夫人曰顧存心如何時適年饑菜色覷門者日百數夫人以姑命廩餓者皆依依不忍去道殣相望萃家

於居之左自是五子二女繼生人以爲陰德之感姑卒請震以四宅盡遜猶子獨竭自殖之産延名儒訓子子每造膝必問所講習大概凡友朋相過必闖於屏間聆其議論有益則具酒肴以爲常猶子不逞生理益落輙自下訟上震尤其無饜而夫人力勸以義復分槖資之者數矣以故典衣市書籍遣子游學旁邑族家子多恃飽逸不荒禽淫獸即甚訟出伎君每舉白沙在泥之喻以戒諸子禁勿與遊故諸子慕賢汲古惟恐不及每歲春秋小試芹宫或中選人必走

報夫人呼諸子責之曰嘗聞爾弟兄談論必曰檜榆枋者非乘天之翼胡為屑屑於此何不力取科第汝見竇氏丹桂五枝芳句乎諸子泚顙晚年家頗肥諸子慕洗腆之義以養燕居童稚滿前笑賦梨棗侃侃如也喜睦族窶者貸而不書未嫁者必助之裝俄疾革男女悉歸侍謂諸子曰汝能力學報門户吾死無憾二月某甲子終年六十有八卜以某年十月甲子葬於邑之某鄉彔坑之原子五人禹錫禹玉周同囬皆傳業女二人適進士羅偉文劉邦英孫男五人閣

閒皆嗜學慶孫文孫宜孫尚幼女孫四人亦幼將塟周以狀扶服請銘且出長書爲贄累千百言大要以人子揚名顯親爲悉深明君子之三耻是真能子矣銘其何辭銘曰

閫儀内分典型云礽熊膽教子鷄鳴乳姑夫人葢庶幾焉宜鑱石以識諸

贍軍姪墓誌

淳熙乙未閏月二十五日晚予誦書罷方奕忽得兵部侍郎周公報云汝消息不佳吾歛奕不勝悲或言虛實未可知俄収弟濟報果然即以翌日成服曾太父諱愷晦德弗輝妣張氏以年百歲特封孺人大父諱載累贈中奉大夫妣陳氏張氏皆累贈淑人考所生母曾氏亦累贈淑人大丞相贈太師魏國忠獻公張公浚大書題其墓曰有宋直臣胡銓所生母孺人曾氏之墓參政大資李公光賜之銘考諱鏻一名鑄

從父通判靖州府君諱份銘之詳矣吾名汝曰潚字曰幾道長以孝友聞學作賦詩嘗偕計不偶歸益溫故學乾道癸巳吾時任敷文閣直學士以南郊恩次當奏第浹浹曰有同堂兄某在遂奏汝是年冬孟弟泳之官金陵澥之官會稽吾送至江東假館秣陵驛汝始受官來省實淳熈改元夏六月也至秋八月乃去泣曰明年當復來越明年夏四月俾來言已抵行在所類試試已即覲省吾喜甚令掃室以待秋八月二十有九日書忽來告疾且云取道三衢以歸吾悵

然惘然及聞訃乃知卒於壽昌縣之寓舍實吾得告疾書之日也享年四十有三同途女弟之夫廸功郎易君嘉謨實歛之嗚呼哀哉汝病吾不知時汝歛吾不知日哭不得憑其棺堋不得臨其坎事同退之情分越之自今以往教汝子待其成長汝女需其嫁亦不忘退之之誓嗚呼尚忍言之先是書來言選授廸功郎監潭州衡山縣戶部贍軍酒庫待次三年近聞奏薦人未食祿而死許改奏其子當試圖之娶同郡李氏左奉議郎知邵州邵陽縣文度之女丙申六月

十二日亦以疾終享年四十有四男二人㩀栵皆向學女四人尚幼濟與其孤以其年十一月庚申附塟汝於吉水縣中鵠鄉毛塘之原所生母曾氏墓之左李氏以丙申八月壬寅附塟於汝墓之左而不同藏是爲銘

龍圖閣學士贈少傅趙公墓誌銘

淳熙戊戌七月戊辰朔朝請郎權發遣臨江軍趙公伯溥抵書廬陵以朝奉郎守國子司業王公逑狀其尊府君故龍圖閣學士左通奉大夫累贈少傅公歷官行事請銘於某其略云公諱子潚字清卿太祖皇帝六世孫也初諱嫌於光堯太上皇帝改今名曾祖諱從質定州觀察使博陵侯祖諱世敞武康軍節度使東陽侯父諱令輿少師洋國公謚孝靖公累官至左通奉大夫祥符縣開國子食邑六百户以上遺表

贈左光祿大夫後以三子遇郊恩加贈少傅有奏議數十百篇分爲三卷藏於家娶王氏累封秦國太夫人生八子長伯溥也次伯佃故朝奉郎添差權通判通州皆以學行早成力取科第伯浩從事郎漳州軍事推官伯渙奉議郎特添差通判臨安軍府事以累舉賜癸未第伯津文林郎新秀州軍事判官伯淳承務郎兩浙東路提點刑獄司幹辦公事伯洪早世伯湜承務郎知泰州誨陵縣丞女三人長適朝奉郎主管台州崇道觀向士份次適進士傅士璋次適宣教

郎新權通判平江軍府事陳坰孫男十三人師冊承務郎益平江府粮料院師聖修職郎秀州加興縣尉師周師尭師説師固師舜師召師吕師保師𧰼師佐師嚞皆未官孫女十人以乾道丁亥某月某日塟於紹興府上虞縣瑞象上管鄉南源村開陽里瑞峯之原其頃塵報部時嘗辱公以齊年之契時賜教督且蒙知遇之深是時稔聞龜齡元龜二王議論人物必以公爲首稱紹司業公不妄許人又安用糞土之言然義不得辭謹删取其狀叙而銘之銘曰

帝胄之貴天亶之殊蘭茁郁若玉立温如七歲而孤奮勵學殖矻矻窮年廢寢忘食欲從師友貧無以資遂分章句聚童訓之寒暑不懈德業益勵宣和六祀登進士第調儀真椽是曰刑曹郡將不悦爭論益牢以微罪行志希尼父建炎改元恩覃率土循從事郎推官三衢兼安撫司機密文書李侯處邁胡侯唐老相繼假守交口稱道委以郡事鈐齋晏然叛兵苗劉憚我城堅我守有餘彼攻弗克孤壘卒全論功較德循承直郎以旌其能紹興之初劇寇李成訌擾江西

兵不得寢招討使司轉運錢糧辟典橐饘不乏軍興亂平改秩丞於浦城冦范汝爲餘黨未殄公攝邑事畏不敢犯版籍焚滅民訟多誣公具田稅搜决無餘户給以帖某甲某乙受証若干爭競乃息宰餘姚縣户口益繁牒數百千决遣無雖各得其直靡或怨咎輿論浩然異詞蔑有素名大豪葉允李程把邑長短莫之敢膺宿負忽露訊鞫有跡獄具聞府抵罪徙後邑去其疾官吏益尊平刑寬賦繇役以均爰立學區俗化民悦弛張先後無不中節有桴鼓警亟戒賊曹

爰與克期必獲靡逃邑人餉遺一介不取彼豪大家
不接一語百姓安之惟恐其遷清論隆洽路碑可鋟
公廉仁恕嫉惡好善遇事果敢策無遺算垂四十年
父老見思士卷處者尚能道之爰倅高安佐郡以理
後倅廣德拯民於死廣德一邑口四萬羸徧走村村
分籍按名匹夫匹婦無不霑丐眂彼骫桑惠一何隘
抵書外臺移米旁州萬斛連檣郡儲以優明年麥熟
凡典妻子自臨取贖民情大喜莅官二年瓜代愆期
關陞州牧舉將三人公不求知恬退自守祄不汲汲

素履可久寓公常伯沈俟虛中知公之政飽聞其風率兩侍從交章爭薦移書謂公報公政善終更歸隱上虞故居恂雅清苦惟嗜觀書把卷田間扁舟自在往來浦汊課僕灌溉野服杖屨與田父遊竟日一肉其心休休會新制行知州資序將上取旨咸趣公去以食貧久次且不能但歸吏部調倅宣城未幾召除少監將作吏部郎缺執政擬攝上知強力亟令真除遂遷郎中僉言穆如抗議義倉水旱爲主郡官牟利盡輸州廋請歸本邑以備豊凶上嘉納之輿論實同

吏曹案前陳七司法以爲檢式老奸震懾力求外補除戶部郎總領江淮軍馬錢糧陛辭之際玉音切責秣陵主將惟事土木且謂公云可密奏來同姓體國宜悉朕懷公閱異時更相饋餉月且千緡一歸公帑大將王權忌其異羣鉤摭疑似以飛語聞上直其誣曾不三月除直秘閣副使漕浙與梁俊彥被旨量田兼賑蘆場欲增其錢同僚觀望添租一例公曰冐占典承買異槪登其入非上本心識者韙之謂透頂簇浙西馬料歲無羅本謂之白著民力大窘請令下戶

折納秋苗且有五利理葢昭昭大水秋饑平江爲甚四等下户口十四萬千二百石日支不愆以月計之三萬六千常熟東𥘉自我而復粵至雉浦入於徑谷又加疏鑿開福山塘至尚市橋北注大江分殺水勢一月而畢民不告勞災害以息直敷文閣除知臨安將漕二年府有餘錢凡以緡計四十餘萬天府浩穰咄嗟而辦每旦聽訟冠帶雍容剸決如流談笑庭空望之若神正直不撓明不可欺凛如日皎不逞觝憲徐呼使前詰不數語首服厥愆盱衡噤齡甘者奸惡

吏謾半言隨以刑虀僚屬白事不假色辭或持正論屈已從之佳士晤語怡聲降接或奸以私緘默不答朝廷申令減間架錢榷要之家巧僞百端或曰上期或曰壓屋或曰洒掃奇取廹趣一歲之直先取無餘一切奏草謗言道塗傕賃家僮限年自贖更立券契謂之義女與父母訣終身仳離亦請禁之人情悅隨直行賈慾時所憚者務要便人豈恤物我有號國醫曰王繼先怙勢滋横氣使大千府有獄逮匿其家僕留牒不遣公章上瀆太上遣使奄至其家索牒還府

告戒紛拏琴工其人有嫉其黨藝出已上殺以毒蟒
一見得情琴工遂尸摘伏發奸細大不遺以職事修
直徽猷閣一新都城民樂竭作九邑綾紙敷買悉停
府局追呼畢省工程户出醋錢亟令罷寢収括諸軍
以固根本俄詔持權持槖板曹譽處日隆勳業益高
久之有旨除敷文閣次對職清出於識擢復知臨安
馮翊蕭公滋試民事坐嘯從容日餞陸海應接是務
治民及物乃爲餘事涖以方正謗鑠失名剔去崖角
取識月評惟公豁達均得其意吐剛茹柔豈公雅志

强有力者曰公其人不專輕重曰公其人逆亮叛盟駕幸建鄴叅謀留司何啻荊帖盜竊敌紛剽刦閭里跡捕叛切梟厥兇渠桴鳴日稀居民安堵虜滅師潛不喪資斧迄翠華還鞏轂亡虞上恬下熈一簮不遺明年真除貳卿民部聲望隱然兼尹天府一日上問生財之宜對極有理上甚善之諸路上供或不時至奮然劾罷毗陵守貳四方至者舳艫相銜漕粟之盛如廣運潭又奏戒飭州縣從儉毋得加賦如古重歛且謂李悝地方勸農營平屯田邉實以充除戰士外

不戰之士授以沿江可耕之地人無遺力遺利可興、寓兵於農古有典型諸郡禁旅本習武備今自守倅占爲私隸工伎淫巧虛劵詭名弊非一端不可不懲且令有司簡汰禁戢據實招塡三衙缺額奏數十上詞盡旨明切中事幾皆可舉行頃之特詔侍從臺諫兩害蠶麥盜報乘間必求所以弭災之宜及今恢復進討之機防秋足食足兵之策救時之弊計將安出首以所急四事爲言民兵財用風俗是先恢復進討爾惟刑賞號令爵祿可以御將明吾信德誠意感通豪傑可招風雲景從薄賦巳責拊摩懷隱可結民心不勞深軫三策苟得馘虜薄燕無不如志若摧枯然足食之本征求勿速能節浮費分食自足足兵之本招徠勿荒能禁私役分兵自强虜使議和公復獻策兵交之後事情叵測瘡痍難撫煩費難支進見難忽動輒見窺一以軍禮待之乃善一以示武二以從儉三以自備僉以為宜楚人衷甲安得不疑今上踐祚公首勸導先定規模立國之要綜核名實從宣公光力行仁義莫若文皇上欲練兵克復境土諸路禁卒

懼其不武公擇府兵授以橐兜鵞鶴魚麗鸁越儁修
上觀使殿歎息嘉賞金帶象笏面賜且奬人人如卿
何患不治公拜稽首臣何能爲上鋭於治公每進見
不及其他於民眷眷勤卹其隱勿奪其時供億悉罷
繕修則稀聽言納諫爲上懇懇披露肺肝一出誠悃
是年之冬手詔從臣且給筆札衆弊悉陳知上勵精
極言無諱自昔未有無弊之世亦未嘗弊有不可除
權臣柄國二十年餘中外結舌無敢正議醜虜長驅
害數千里主師數出無尺寸功國勢儼靡孰哀壓蒙

救弱以强救强以弱强非謂兵綱紀陳說上策自治綱舉紀張道德之威成於安强臣願陛下假借臺諫駕馭將帥賞罰立斷深根固柢除授罔私斥遠便佞浮費不滋以裕民力使之不屈凡此八者自强之策既竭忠鯁爲上盡言且力引疾求退歸田除敷文閣爲直學士遂知明州沿海制置惟侍御史諫議大夫十朋大寶抗疏舉留上云趙某朕委防海可令且往非久環召海素多盗賊結吏徒蹤跡詭秘浸連郡胥遞相關鍵約毋惡我盗作檄馳勢日滋燬及是大熾

商舶不通公私爲梗官民計窮公到奮然水陸並進
且捕且招智勇交困海多洲島蠹結蟻屯強機毒矢
以抗官軍飄風一日踔數千里撞搪呼號以相首尾
渠魁十輩舶交鯨淵出没洶涌如風濤然公喟然曰
是難殄𥨊擇土之豪厲使戰鬬分道入海明告賞誅
用命與否𣳾弗渝束卒改態震慴奔迫反私從公
賊計窮蹙廾而遁遂擒其酋根株窟穴盡發其幽
賊既敗北　師振旅海道以清民歌且舞瀕海之人
從善如歸　又不見漢官威儀遂盜弄兵相挺爲惡

閩公號令嚴栗膽落一鼓而亡乃什脅從咸與維新俾各歸農昨有以才帥四明者遇盜竊發失於縱舍盜遂閒作浸淫陸梁誅賞不明滋長寇攘公寓餘姚習知其故每獲一首賞罰立具賊黨未獲出百萬錢人人敢戰一可當千餘姚負海豪猾囊橐致貲萬金窮治如法閩越之商水宿安然不擇處所今餘十年進龍圖閣爲直學士移鎮福唐如四明治厥有海寇曰陳饒天聞風驚奔不戰而殲屬歲大歉租未入庾官爲代輸民不轉徙密遣告糴建汀延平民食方乏

閉閤避廳邦人大恐且疑且怨俄米大集閭里交慶居亡幾何以目疾侵屢乞掛纓優詔弗從進職老成兼奉祠廪旋牧溫陵輿論惟允泉多大山地狹民貧海販爲生田租已蠲遂征舶賈取之無藝禁非常賦毋得輒稅吏掠民女爲妾以嬉其妻妬悍殺而磔之貯之七年襆以他器兄椽興化寄之官舍民女之父踏郡稱冤吏恃憲臺與已有連抗不就逮囚其妻毋立走興化果得其年發而布之全體宛然衆咸驚服以爲神明已而公疾遂告病草乾道丁亥繼上巳日

甍於正寢朝野涕漣由我者吾不我者天前詰所歎
公復何憾施不半積能不飲恨謂公不壽六十六年
謂公爲壽期頤滿前公之云亡寃獄未决誰其似之
欽哉來哲云誰無子孰其無孫用譽繩繩亶惟德門

安人陳氏墓誌銘

安人姓陳氏先兄處士府君諱宗古字民師之配也攷世系陳出自嬀姓夏禹封商均于虞城三十二世孫遏父爲周陶正武王妻以元女太姬生滿封之於陳賜姓嬀以奉舜祀十世孫敬仲奔齊以國爲姓既食邑於田又爲田氏十五世孫齊王建三子昇桓軫桓稱王氏軫封潁川侯稱陳氏生嬰自敬仲至嬰凡十八世自嬰至覇先凡二十五世是爲武帝厥後子孫散佚曰暉者自金陵徙江西遂爲吉之泰和人二

子曰承進承逸世未有聞逮國朝建炎戊申曰千齡者始中進士第距承逸世凡七以武帝廟爲始祖安人其後也父諱時彥字周輔政宣間舍法行爲二戴禮有聲庠校時府君亦從事舍選公高其才以安人歸焉母邑中曾氏提舉公安强南夫之族敦厚賢淑故安人鍾母德事父母孝既笄歸夫家胡氏族大少長率禮法已能移其所以事父母者以事姑時舅已不逮事獨姑歐陽夫人在夫人文忠族靜順惠慈既日侍側謂婦當學姑其所趨向日濡耳染以熟歲時

伏臘冠昏喪祭及其所行一切以夫人爲準故安人
爲婦孝夫人凡五男子教戒有法度元豐貢士府君
壽不及中夫人訓督昕夕不敢怠訓子婦亦然嘗語
夫君兄弟汝輩少孤我家文忠亦如是克自成立爲
世大儒豈必父訓當世稱賢安人習聞話言淬礪子
姓令就器業曰吾姑如是是故廬陵多賢毋豈可不
勉府君已下世籍一出脫白丁然後曾祖而降三室
中科第少申夫人之志亦安人教子之效箕入太學
垂三十年間歲一歸省安人每謂箕修身謹行是亦

爲考初不以禄利望汝何栖栖爲故業久而得監舉且升舍歲丁酉孫楷模聯薦書父子將俱試南宮而安人已疾病矣及見二孫薦人皆歸之賢祖母玫安人爲義母而慈安人妯娌七而次居六與叔姒蕭尤睦叔壯年遭亂避地蕭氏病革府君徃訪存没至則道梗因留視醫叔竟不起既辦喪而緑林跳梁府君間道歸蕭與二子留久之而二幼來安人視猶巳子蕭亦來歸相與不異平日自爾同居四十年無纖芥失既其子若女成立就婚嫁生理葢饒築室爲比鄰

而情意依依不一日相舍去族人義之故安人於妯娌父而益敬安人以子在仕版該郊恩封大孺人太上皇慶壽七十恩加封太安人子男五人箕公武符籍篆籍今爲宣教郎新知隆興府新建縣女二人長適孟處約次適倪求已求已中進士第今爲廸功郎新永州司户叅軍孫男十二人楷模格椐欅橘橾檦榛槐梲桄孫女十四人長適劉德衍次許倪升卿次適鄧執規皆士族餘尚幼安人歳時坐堂上子孫子婦孫婦若女以次爲壽拜堂下睟容愉色人稱爲

壽母　初籍中科戒以脱身簿尉乃吾意時陳福公當國除章貢教授秩滿閧陞又除教授宜春悉迎侍以行皆安人精誠所致安人之終實淳熙四年十有一月己酉也安人居家盡和易馭奴婢未嘗大聲色不事鞭朴子姓或戾慈訓則移日不食以故家人爲之弛鞭朴而家事益理奴婢既去復來待之如初有老死不忍去者自亂離凡八徙居所至有恩意鄉閭敬服其德至於恤孤保嫠終始不替某頃聞猶子昌齡云府君仁恕田夫輸租米多濕收者難之府君曰米

雖濕猶可食人推爲長者中饋之助爲多焉其嘗竊謂吾宗同堂同荐者則有之矣未有同胞同荐如楷模者此又見積善之報云戊戌夏四月冀率諸弟以安人行實來請銘且曰先親平日仁厚慈祥皆可以率世勵俗懼湮没不聞顧今非核不言言必信後莫如吾叔願丐一言爲不朽其泣曰吾受先兄教多矣義不可辭銘曰

巽德惟順婦道之能坤德惟厚母道之亨懿矣安人既順既厚姑曰孝婦子曰慈母賓祭必躬牢醴齊稷

愶比婚姻畏我在側胡不偕老夫先其歸堋不同藏

吁其可悲

林宜人墓誌銘

朝奉大夫新江南西路安撫司參議官董公將葬其室宜人林氏，抵書某請銘某與董氏世有姻契，且與參議公厚，知宜人爲詳，銘其何辭。宜人林姓，先世家四明，故敷文閣待制庇民長女，幼有淑質，母夫人李氏鍾愛，長擇所宜歸，故轉林守董公頊，仕廣東帥幕，與待制同僚，知宜人之賢，以子昌裔應東床之選。久之，轉林捐館，靖康丙午，昌裔親迎於四明，偶罹兵火，其母碩人傅氏留廬陵，宜人當擾攘之時，不憚道阻固請於父母同歸省姑氏與共甘苦不以一毫自靳奉祭承姑必親涖之時生理蕭然里居盜賊旁午母子不自安乃挈家如四明宜人敬事益謹不啻親父母越三年傅氏終宜人罄首飾同夫卜地治塋植松楸築舍買田數十畝爲歲時烝嘗之費暨夫出仕克相居宇内外有間法度嚴整其治家纖悉必舉尤篤意贊厥夫教子及教戒諸女以孝謹貞淑爲先至於女紅烹飪皆使之習且曰婦事也毋怠晚年生理就緒從夫之爵方期偕老董公單騎之官浙東參議宜

人不幸逝於家易簀之際神色不亂葢有所得實淳
熈丁酉十二月乙酉也享年六十有八生一男五女
男冲元以恩補將仕郎長女適進士陶模次適朝奉
郎新權發遣武岡軍林祖洽從侍制公先命也次適
廸功郎新萍鄉簿方珪次適脩職郎筠州司户郭賛
幼適廸功郎邵州推官觧僖宜人從參議守官所至
畏謹衣敝食糲弗以文繡膏梁爲樂不敢預閫外事
相依五十年如一日也平日觴酒豆肉必合堂同席
以享亦賢於人遠矣惜乎其亡也參議不克見葢亦

有遺恨云卜以淳熙乙亥六月丙午堲於廬陵曲石之原銘曰

陰柔坤幽婦德之常出爲厲階取譏辯強徛與宜人不預閫外闖彝是守晦亦光大曲石之原千古其藏堋石埋詞隱而愈彰

卷二十四畢

胡澹庵先生文集卷二十五

宜川後學符秉龍斯萬　校閲

宋廬陵胡銓著　鍾蘭映奎　紹虞賡文

嗣孫　澐龍篆　廷棟騎星

定靜園　近仁元長　編輯

逢盛亮采　值夏道院永陽院背　仝訂

墓誌銘

德興縣尉曾修職墓誌銘

某自海南内徙合江家弟鎬渠陽判官罷歸道湘中

留合江踰累朔春容及里中老儇數至蘭溪曾積臣則喟曰鎬親家不幸越世子胥三益書來必以墓未識爲大戚且曰今名信有徵者宜莫兄若敢以累直筆某曰適坐狂瞽雅舂瀕死有言不信汝姑待又三年當上之三十一年某裳自便恩還里適家弟將官章貢諗曰鴈城之言不可寒某領之以未暇也既三益偕其季三復相踵扶服以請且出左廸功郎新吏陵主簿謝君諤狀曰敢固以請某無以爲解則核其行實叙而銘之公諱敏遜積臣字其先金陵人五季

亂避地至吉之吉水家焉曾太父曰孝先太父曰君
彦皆以隱聞父曰光庭寛厚長者嘗主東安簿攝令
零陵靖康初湖南發民兵勤王毅然攘襼問路無難
色人多其勇於義以請老授右文林郎公自丱無童
心其起居進退綽有成德性嗜學菲枕圖史未嘗一
日廢書不觀長益狷介植立雖喜爲詞章略聲悅故
屢㖡戟舉塲輙北然不以得失易其所禀曰吾自與
時左非不偶也癸亥春復太學趨廪者麕至公以親
弗忍去交遊强之行乃挾書走轂下吐語不媚時以

求合若肝胆然會親黨有當途者以雅故爲請官之作而言曰親老矣敢數禄而仕遂補右廸功郎參軍象州司法重違滕下不行得漕臺轉輪以勞循右修職郎尉饒之德興縣有大姓武斷觧法至十數年租不入官椎埋欲攘往往而是令若丞噤不敢究切率受垢藏疾不則煩言蜂起卒以譴去公獨切齒盡根株痛斷銖抄𦵏弗貸令行禁止豪强重足吏畏而民愛其僚有嗛公讒於守者人皆危慄或勸白其事公曰吾奉公守職獲謗鑠死且不朽終不白而守亦不

能疵瑕歲在丙子十有二月七日終於官舍之寢其孤奉其喪以歸越明年十月庚申葬於里之金牛原公娶陳氏男二人三益三復女一人適士人董其癸酉秋三益三復同偕計明年見斥二子退自克學益力後三歲郡又以三復薦公捐館服除會賓興三益以經術再舉偕試春官而三復遂中進士第調左迪功郎主簿公弟敏修早世襁褓之孤撫如己子至其男髫女笄傳姻之教惟謹且先其子以畢嫁娶委禽及馬之禮有加公家素饒衍或説以廣田宅則笑曰

何以多爲祗賈禍耳所居多勝槩歲時昆弟姻賓一觴一咏有無堤之樂嘗自贊其真曰華仙醉客竹溪愚叟面目有相心胸無垢華仙館名竹溪橋名嗚呼如公平生云爲如此宜得位與壽而位卑無年天其於是安鄞耶銘曰

參孝聞魯偉忠顯漢厥緒是承小試縣椽芒刃不頓豪猾已讋撫季幼穉過於已子友愛著稱埋辭匪溢蓋撮其實千古之徵

趙謙仲妻李氏墓誌銘

漢王四世孫趙不侉謙仲之配曰李氏遠祖本姓徐氏名勣者佐唐勲髙賜姓李而附屬籍焉世居東平父迪功郎諱華宗代以文顯夫人幼頴悟父爲擇佳對年十八歸謙仲既饋親戚無一退言謙仲力職累遷至忠翊郎監潭州南獄廟謙夫人相之謙仲或觴客夫人手庖饋果蓏無難色喜賙施尤務教子諸無長貲至典衣市書每以漢唐宗室儒術相業爲訓又、勉其夫延子師必嚴故其子皆知耆學又累赴國子選人謂庶幾孟母之教一日忽語其夫君好善後必有顯者恨不偕老今永訣矣索湯沐整冠而瞑實紹興三十一年十一月二十一日也享年五十有一生男四人善休善律善緝善繼女四人在室孫女四人尚幼夫人耽佛書日孜孜然既屬纊有光燭室咸以爲異謙仲即其年十有二月二十有二日塟於所寓吉水折桂鄉善果之原命其子善律以猶子善教狀請銘於其善律扶服以請哀甚且其忝有瓜葛義不得辭遂叙而銘之善律蓋累選國子者銘曰

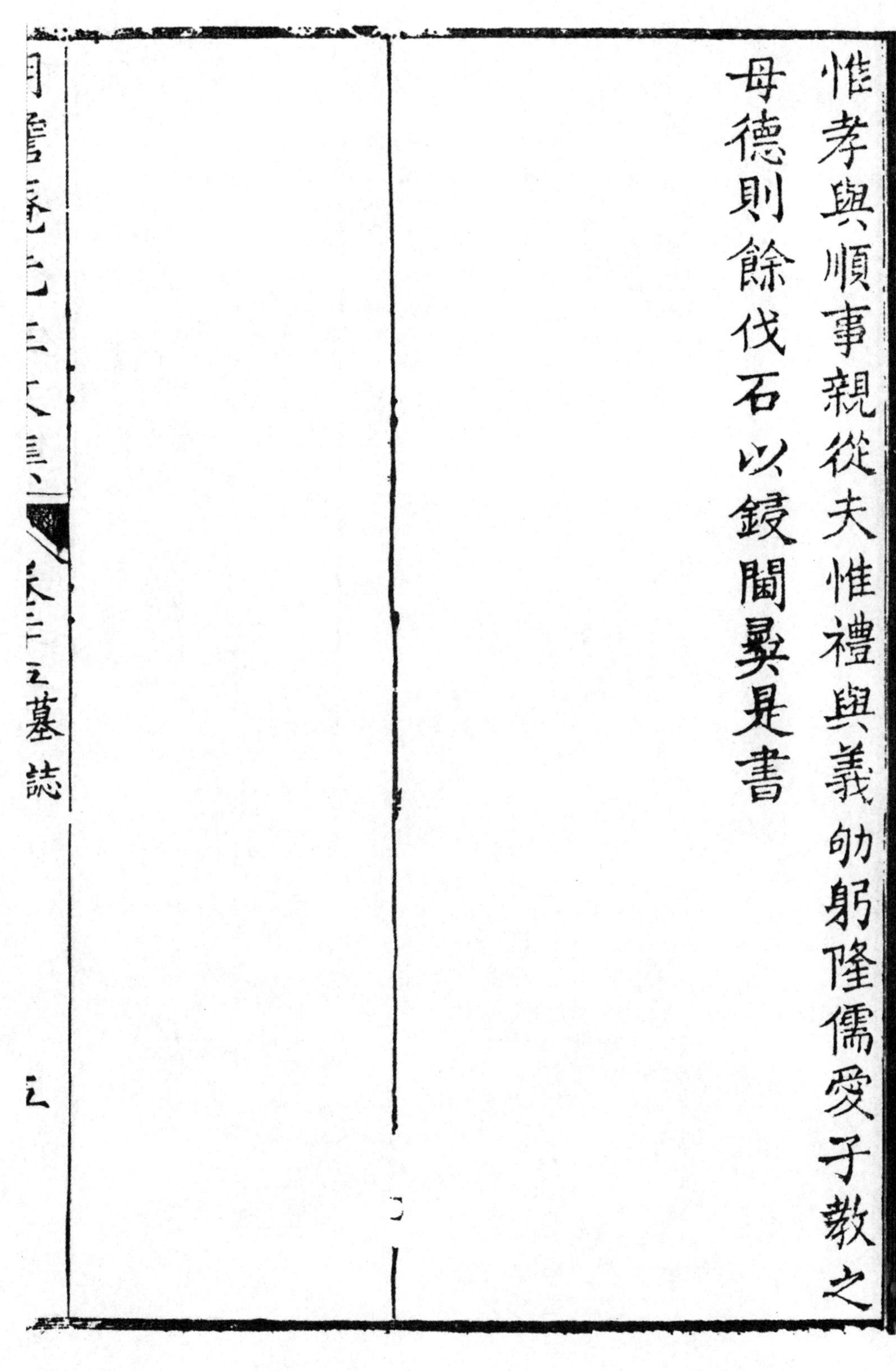

惟孝與順事親從夫惟禮與義劬躬隆儒愛子教之
母德則餘伐石以鋟闓㚖是書

彭夫人墓誌

夫人彭氏世爲吉之廬陵人曾祖奭贈朝議大夫祖醇朝奉大夫南安軍太守考瑺迪功郎卒南安軍大庾主簿夫人年二十有三歸從兄國學首解進士鈇綽有婦德生六男子在者一曰維寧孫男五人長曰柯次曰椒次曰桷餘尚未名孫女適進士同郡任日就維寧八歲而孤及冠頭角嶄然嘗兩偕計徵夫人之教不及此夫人享年六十有六紹興辛巳八月甲寅終於家其年十一月癸酉塟於縣之儒行鄉馬岡

原夫人之弟鄉貢進士蝦昔與其同呫嗶敦尚里好且維寧請志寃穸歲月義不可辭故書

羅長卿母朱氏墓誌銘

夫人吉水朱氏年今有七歸廬陵羅氏右廸功郎邵武軍建寕主簿孝逸先生諱無競享年七十有二終於紹興二十有三年二月丁卯其孤良弼即其年十有二月庚申塟於縣之高澤鄉横山之原同郡故顯謨閣直學士工部侍郎劉公誌其墓後十年當三十有二年十月庚寅良弼改塟夫人於泰和仁善鄉西塘之原一旦出顯學公所撰誌銘示某埀涕洟言曰良弼之弟開病累月醫不可爲論者歸咎塟非其所

是以改葬獲罪禮經多矣雖然遷善不可以不書非屬篤古而傑於辭者以爲明旌懼重得罪敢以請某辭曰顯學公文章服一世其序夫人景鑠懿範炳炳如丹某也何以尚焉良弼固請終不得辭則紀其世著其德行以補前誌之闕而誌其葬某嘗考儀禮及春秋傳皆記改葬禮沿襲至今其說有二有因山崩水湧壞囓其墓如文王之葬王季有以太子少葬故有闕如魯葬惠公今良弼無此二者而獨憂其第蓋牽於陰陽家者流似遠古誼然薄俗滅天理茈焉而

縱尋斧往往小闕則曰昧雉彼視然則良弼之遷奉亦豈得已可書也其世曰朱氏家譜唐有少連以孝義聞高宗召用之終鳳閣鸞臺平章事子孫散徙居於吉水夫人曾王考諱正晋王考諱光順考諱綬世業儒皆膏肓泉石從父諱棠聖宇聖功中崇寧二年進士科終宣教郎簽書洪州判官廳公事母彭氏諱偕字亞之之女亞之之歐陽文忠公客也其德行曰夫人始歸也舅姑相慶自妯娌至婢使媪嫗無不曰賢崇寧中孝逸學校鈎考捷出既頗汨振父母亟命仕

孝逸方思所對夫人曰畢官不足以自效耶於是建寧之政聲稱翕然孝逸於民事有疑者問與商確夫人裨益爲多服食取其儉不事奢靡尤蹲節若在家時孝逸怪之曰懼傷君廉約孝逸請奉扳輿不許退食則孺慕至出涕夫人曰勉卒書考歸知君終不以一班一級易菽水之養比歸左右盡力無所不極其孝政和乙未舅没姑亦老孝逸之昆弟及二長姒繼卒夫人贊其夫日率其娣養姑母子婦姑慈孝如一姑以髙年應得封命下而孝逸不克終養夫人娣姒

相與致孝不懈且謂其子母子祖孫等爾越歲姑亦逝則又詔其子吾老矣門户委汝可不自力良弼兄弟自其祖母若父時已能耽經謹行至是益砥礪克自植立夫人性方重言不妄發舉止詳閑坐有常處一衣越數年不敝其斂也有嫁時服卹孤逮嫠宗姻委巷多沾其惠蓋夫人天資既過人又前受教於前父母故其云爲率皆可紀子男良弼開也歲在丁丑良弼以累舉特奏召爲右廸功郎贛州會昌縣東尉開出爲季父後竟卒女適進士陳大昌鄉貢進士胡

維寧孫男三人泳泌濤皆典學孫女七人適進士郭中升胡漸胡棟胡椿餘在室予家與羅氏世葭莩而良弼初娶予從妹最故且厚維寧漸椿棟又皆猶子昆孫知夫人之德爲熟於其始瘞也予自海上寓哀挽嘗評其大畧孝如召南之女友如梁人之娣節如魯成之妹知禮如穆伯之妻教子如子輿之母待禮如子皮之姒居喪如季氏之婦慈愛如崔山南之姑人不以爲諛云銘曰

詩始婦順易基坤從婉娩夫人詩易其躬來儀德門

不介家閑孝逸歸與實鍵其决云誰無夫孰其無子克對厥賢乃惟具美報不稱德不比其身銘揭闓彝于祀猶新

女懿墓誌銘

泰和鄉貢進士嚴萬全妻胡氏諱懿右宣教郎諱其之孫前左奉議郎樞密院編修銓之長女銓娶劉氏凡三男五女胡氏實劉出其在密院時坐狂瞽斥嶺表久之未厭用事者意又遷海島崖州胡氏隨父母轉側嶺海垂二十年備嘗艱險酸入四鄰而不見可憐瘁之色父母得以解顏紹興丙子夏六月被旨内徙合江間關萬里扶持二老以歸丁丑春正月始踰嶺冬十月歸嚴氏萬全恪守婦道舅姑喜曰是善事

我踰年舅沒執喪致哀萬全家世宦祖其嘗爲其州推官父其應進士舉胡氏嫁六年生一男撫前室子均三十一年壬午春三月十二日以疾卒即其年四月十八日塟邑之千秋鄉其父其不勝悲而乃爲之銘曰

姑寡哭婦夫壯哭偶子幼哭母安所歸咎

德慶通守劉承議墓誌銘

君諱獬字去邪年五十一卒其年十二月某甲子塟廬陵儒行鄉曲石之原左廸功郎興國縣尉鄧君善以去邪之族出處文行歷官治績年若干爲書遣一介請爲銘詩刻之墓碣於廬陵胡某曰劉姓凡二十五望無在江左者或傳上世籍建康五季之亂徙居吉之泰和會太父宗孟太父紹父及甫皆鏟迹邱園惟父以去邪升朝再贈至右宣教郎杓宣教公無子取兄雲之子爲後去邪以仲子出繼方髫齔時已頎

脫其羣稍長克意門户五世兄朔講學鄉枌去邪從之遊淵源演迤日大以肆一出即登賢書戰其藝南宮遂中建炎三年進士第授左廸功郎衡州司法參軍秩滿用薦者轉左從郎改選潭之攸縣令丁生母憂服闋調池之東流縣令當途交章公薦改左宣教郎知衡之衡陽縣秩滿知筠之上高縣磨勘遷至左承議郎通守德慶軍府需次於鄉未幾以病卒實紹興二十三年八月八日也去邪起白屋若素宦然始典法讞議必傳經術每得情論決民自謂不寃歲游

饑民艱食寇攘以延朝夕捕者利其賞有司鬻獄將
置數十人於死去邪曰是廹於饑仲尼謂未必本惡
者盡從輕比時方募兵則請以充數使自效守將怒
抵所議於地去邪徐拾以歸復執以請牢不可奪守
將悟而奪之囚賴以免名動一州自此郡有疑獄必
委亭議東流素凋殘值兵火紛擾之餘公私室廬十
僅一二去邪既剗剔撫摩更戮力營繕未幾棟宇一
新而民不罷至於學有精舍賓有館轂百廢具舉會
虜騎長驅淮上邑瀕江鵠民戒不虞吏請徵發公不

可止揭片紙與之期民勸趍之尚書某將出境假道聞公之爲犨節歡賞逐力推轂衡陽懷公遺愛始至庭勞者相踵邑當二廣之衝右湘江右蒸水實一都會先是爲邑者以兩部使者所在胥吏恃勢橫甚又簪紳僑寓旁午誅丐百出動輒掣肘煩言易生往往令率以譴去去邪洗手就職逮鰥恤嫠至桀黠入必苗薅而髮獮之撫字有多催科以期物物得職胥不閱月而邑以整暇聞初蒞上高鄉校抗敝去耶喟曰吾所至邑未嘗不修學宮惟衡陽尤竭力十倍他邑

故事無不集今其可不勉於是厥宇門廡堂室齋廥庖湢之撓折腐敗者丹堊之漫漶不飾者自我畢葺學有蘊黄門子由記歲久斷缺訪墨本摹刻之且識重修始末於碑陰上既訖躬率吏及生徒行釋奠禮耆老至歎息其子弟皆興於學邑有溪冬冰春潦去邪爲約以濟病涉者民歌舞之凡宰三邑大抵以愛民戢吏爲心鍵之以公勤廉儉故吏不病民田野熈熈終歲不以投銛至其庭其治雖號風力凛凛然嚴而不殘當途皆才之薦者章累數十近世未有平生

孝友忠信自以出繼竭力於父母無違禮者祊先廬殘於兵火僦屋郡郭内外親附待哺者百口米斗餘千錢加以疫死者八人仲氏實治家以乏絶告去即竭槖粥付之所生母卒適在官欲以喪去吏白法不可號慕逾月不出郡繩以三尺且遣官敦諭以毁請力丐終喪郡以聞得報不許猶不止與夫自謂不在一畒者用心固殊矣伯氏死教育成就其孤如已子至使有室田園汙萊身督耕薙至収成悉付仲氏異籍則命與猶子各區别畜具所殖産而析先疇三之

不以已出繼而半自不與也性開爽雅好賓客俸入
隨得而盡周人急不計私至自奉甚儉斂之日衣止
周於身嗚呼去邪所以治身齊家字民格物表表如
此才器蓋加人數等不大顯於時君子惜之娶歐陽
氏封孺人男三人令猷二十一年賜進士出身選左
廸功郎徽州婺源縣尉將之官遭父喪服闋主興國
簿令爲左文林郎新常德府觀察推官令節令訓皆
志學女三人長適胡著次適李近季未字孫男六人
未名某與同年進士義不容不銘遂銘之銘闕

易長者墓誌銘

君姓易諱暐字光道其先嘗爲齊大夫見於春秋至晉有名雄者以忠義顯系出長沙瀏陽五季亂高祖徙居廬陵之富田曾太父滋太父谷父汝錫悉有隱德君天資謹厚不喜紛華土木形骸泊如也性孝友人不間於父母昆弟之言父捐館資累鉅萬君畢窀窆外一無所取悉歸之兄或謂取亦分也不爲僭越君曰富係夙緣安用之聞者歎服咸謂君以不貪爲寶尤樂施或年饑則捐穀以賑翳桑之餓雖指囷指

廪弗吝也人有疾道以藥石又平物估以隄豪奪之源人所難能者君力行不倦衆翕然曰於我有德稱爲長者而不名鄉人有鬬者踵門求直聞君言羞縮輟訟時爲陽道州不復見矣君其庶乎教子以義方延鄉之秀民與游遠方之士慕義而至者相踵褚無長資至質衣以遺無難色廬陵與贛擊柝相聞贛民喜椎剽一有警乘機蜂起焚掠邑屋鷄犬一空惟君所居環百里所桑麻井閈晏然蓋君平時閭門輯睦鄉黨信厚與人言必諄諄然以忠信孝友感發其善

心故雖冥頑暴悍之人皆知慕向而趨善孟子稱一鄉之善士者非斯人而誰享年五十有九紹興三十二年二月十八日以疾終於牖下先一日聚族與訣曰有生即有死此理之常蓋君平日胸次了然一無罣碍云君之亡也閭里相弔曰長者逝矣吾將疇依遠邇感動至有衰縞奔喪浹旬不息者殆古所言愛而哭之者耶娶劉氏子六人經邦經國經世皆業儒長女適進士蕭彦美次適錢萬石次許字蕭可權皆修謹孫八人男曰伯㭬伯虎伯适伯陽伯奮皆志學

孫女尚幼經邦娶羅氏胡出也故屬所親太學免解進士陳公大節謂予請銘泣曰經邦以十月甲申塟先君公幸哀我辭不獲而銘之銘曰

在漢文時絳侯東陽咸稱長者煒然有光爰及孝宣復稱渤海三老相望千古如在曩爾之鄉鎡錤鋤耰胡爲若人亦踵前修我揭銘詩以愧涼德礪山帶河不磷兹刻

彭長者墓誌銘

某里人彭長者之子裔一日携前兩浙路轉運司幹辦公事曾公襄狀示予泣且拜而言曰父既塟而遷名教之罪然亦有不獲已者先人初塟於里之秀溪屬時多艱遠於墉而卜宅弗審恒懷古人齧墓憂將以今年冬十二月甲子改塟於邑之高澤鄉灘頭平嶺之原公幸哀我識歲月以託不休會其被召而止及抵行在所裔走書來請三返益虔某在田間時固已喜長者之爲人况裔請之力其安能已遂序次其

名字事始終而銘曰長者諱期字子信其族世與其云爲大槩則高要尉練公書之詳矣弗識也識其未盡者長者居家有武斷鄉曲者善言諭之或假貸弗還亦不校凍餒者率多以賙頃寇擾四起里人議如古野司寇萃丁壯以固吾圉長者至自毁其家享年六十有八愛而哭者往往輙相後三年其室曾氏亦亡塟於吉水縣香城之原男二人椿年喬咸椿年早世女六人孫男三人郁郊邠孫女一人郁與邠皆嘗偕計令邑大夫皆延爲鄉校講書蓋長者平昔喜招

師友以訓子孫宜享其報嘗有芝産於所居西廡人以爲其子孫孝友所感裔本名乃仁避從父諱改焉是爲銘

譚思順母龍氏墓誌銘

夫人姓龍氏衡州茶陵人也年十有九歸同邑譚君某譚氏邑之傑姓夫人夙以溫淑稱甚得婦道年四十六而夫人即世屬世搶攘夫人訓撫諸孤家事咸理自奉殊凉賓祭則豊其屋潤爲鄉里冠初不驕人延師課子孫切切輕財好義賙及猷桑頗喜黏湛說至傾資飭旨帑然非如世人徼福者既老而視聽不衰勤儉如一享年七十有九隆興元年春王正月甲子以疾終迄無一言亂者三子伯曰最實董家政仲

曰助，兩試禮部。季曰勃，亦能肄胄雅之三。女二人：長適區世弼，次適李達，皆邑人。十孫：曰世德、嘗與同偕計，曰世延、世基、世忠、世選、世英、世榮、世長、世臣、世昌，皆業白。女孫三人。曾孫四人：長曰知方，餘尚幼。曾女孫三人。咸遵家規，内外肅如。勃出爲世父後，禮也。次女及世德、世忠，皆先夫人亡。夫吉凶如儇，句不欺。吾於夫人見之。其子以八月二十六日，祔葬於邑南祖塋之下。以免解進士范君克舉狀來乞銘，三反益力。助嘗從予學《春秋》，義不可辭。銘曰：

若稽古戴經有云熬母豚牂或炮或淳擣珍漬熬肝
膋具陳親或不悅奚取八珎夫人範家子孫萃萃匪
食之珍孝子順孫我銘其藏式昭慶門封塚可期浹
葉其春

楊君文卿墓誌銘

廬陵楊萬里將塟其父以左從政郎前樞密院編修官楊文昌狀謁銘於某曰公諱芾字文卿胄出漢太尉震震後三十三世虞卿虞卿之孫承休承休之六世曰輅唐天祐中承休以刑部外郎使吳越楊行密道梗遂家江南至輅仕南唐徙廬陵焉子曰鋋于公爲八世祖曾祖諱堪字某祖諱開字先之父諱格非字元忠皆不仕洎公凡三世業白公尤邃易學自舍法行三郾有司不逢則隱吉水之南溪號南溪居士

云家無田授徒以養暇則教子時方搶攘重以乙卯饑米斗千錢窶甚罄𥚃袍告米鄰邑歸與盗值奪其米公死不與盗欲兵之泣曰吾二親皆七十不炊三日矣幸哀我盗亦感泣止禦其半公歲入束脩之貲以錢計者纔二萬稾䕺太𣪊忍饑寒以市書積十年得數千卷謂其子是聖賢之心具焉汝盡懋之紹興甲戌萬里策進士第調贛州户椽再調永州零陵丞皆侍公之官每過庭必曰儉則不賄嘗携萬里見無垢先生侍郎張公九成澹庵先生今侍郎胡公某於

顴又見紫巖先生大丞相魏國公張公浚於永三公皆以宿儒賞之而丞相嘗薦其子旼秩左宣教郎授臨安府府學教授遠歸而公寖病矣荅隆興二年二月也公喜其子歸疾小愈六月仲澣夕忽呼萬里曰吾夢登蓬萊山且誦玉川子乘此清風欲歸去之句何祥也自是病益殆八月四日早作掖以坐嘿而遊嗚呼其告之矣享年六十有九公性簡約閑居袯書策躬汗庭唐或譏之則曰忘安四日媮耶有一罫紋布袋以妣氏手紩寶藏之踰五十年如新曰我死必

以歛萬里以歛公元配毛氏生子二人長萬里也次早夭今夫人羅氏孫男三人曰壽岂壽俊壽昌孫女二人皆幼其孤欲以十一月十日葬公於縣之同水鄉介山毛二人之墓域其曰身立名揚以顯親孝之終也乞銘誌墓抑末矣矧予文非訛費亦曷足爲不屬託然萬里與遊最故且誠以請義不得辭遂刪取其行實叙而銘之銘曰

嗟嗟若人遁逃鄉校訓其子不賄也則廉貿米危身以養也則孝夫孝廉士之卓行而世無鴻方之舉得

不謂上失其教噫非此其身視其子知爲善之效歟
石堋辭俾來者有考

編修唐君墓誌銘

君諱稷字尭弼世為兖之鄒人避五季亂徙贛之會昌家焉曾祖鑑祖伯充皆隱弗仕考公慶累贈右朝散大夫妣賴氏贈太宜人君自兒時已頴異不凡讀書五行並下年十三落筆動數千言思劇泉湧閱再歲遊鄉校鄙同輩氣習汚賤乃拂袖歸硯岡初君之祖泛舟過雩陽遥望山勢欝然詢其名曰硯岡愛之易以十萬錢創一堂二廡為書舘曰吾子孫其以文章鳴乎後三十年君始生既長刻意其間政和改元

科詔下君裒然爲舉首明年登乙科得丞撫之宜黄踰年之官冬丁大夫公憂服闋尉南安軍上猶縣視事朞月提舉再循文林郎知江陵府監利縣瀕江多水患君築隄捍江民樂從役逮今爲利會廉訪使至邑怙勢增茶課君爭以邑小民貧不可廉訪怒風部使者以他事奏君遂去官朝廷知非辜尋直前謾宣和五年秋授潮州司士曹事兼管左岳嶠南獄以賄成甚至指平民爲盜以覬賞君始至會外邑以鄉豪所憾民爲彊盜死獄者已十人君知其寃白郡得活

數十人君典獄三年人自以不寃被繫者咸曰願就唐君鞫死不恨及侬奉母歸覲罔建炎三年冬隆祐皇太后幸贛搜訪人才召赴從衛委君同本路轉運判官將兵撫定懼金人之蹂踐者方出城閙城內兵民縱火相賊殺君欲田兵安之運判則不從君正色曰皇太后蒙塵可坐視乎衆感激遂還值土豪陳新輩以赴難爲名脇從幾萬數寨於梅林君单騎往諭不從進逼南門城内兵出合戰新斃於流矢衆遂散是日微君幾殆紹興改元丁太宜人憂居喪毀瘠過

禮服除赴調以前說土豪功循左儒林郎調吉州軍事判官未赴贛守徽猷韓君昭聞君名辟宰龍南龍南僻左且瘴盜賊時作調者不願就久闕正官君寃知民瘼夙弊一剗草之盜息圜空民安田里邑人恐君之去相率詣憲臺乞辟正任諸司亦聞君治聲列奏君以占籍是郡力辭朝廷雖從君請而代者未至會歲饑民艱食通守督賣户帖君以書拒之曰小邑新刳於兵去秋旱今夏雨麥禾俱損官吏雖欲奉行如百姓何不聽君乃經由諸司得住賣已而惠州界

有寇入境君率尉集弓兵南禦值新守壓境屬邑皆逆之境上獨君以捍禦愆期守怒通守復媒蘖之遂劾以怯懦避寇在三尺君罪不應申省而守以私憤獨申乃停新任公訴於朝旋獲改正十年冬差諸王官大小學教授時以君未改秩易南外宗正司教官十五年冬除樞密院編修十七年以勞改左通直郎君力求外補得荆湖南路安撫司主管機宜文字二十年易湖北二十三年改湖南二十六年改江西在湖南時易五品服用收徭賊功再轉左承議郎在江

西時磨勘轉左朝奉郎秩滿丐祠得主管台州崇道觀三十二年再領祠其年夏以覃恩遷左朝散郎隆興改元八月二十九日卒於正寢享年七十有六君於書無所不觀尤邃於易平居不茹葷者或至連年爲文得古人質直體喜賦詩酷嗜陶杜紹興初卜居豫章其始至也倒囊得荒圃結屋數楹不植他木止於蒔菊屋足以容書日哦其間自號硯岡居士旁闢小軒榜以止止客至則談文把盞抵暮無倦色或幽人衲子質疑辯惑者無不意滿平生著詩賦記序銘

贊箴頌甚多門人類次成五十二卷名硯岡集娶故道州營道縣令張天民之女先君十二年而没贈安人二男長澈次演前卒一女適左朝奉郎張世望之孫行成以某年某月某日將合塟君於硯岡之麓澈以左通直郎郭景仁狀走行在扶服乞銘固辭不獲遂叙而銘之銘曰

盤谷李隱紫閣嵩巖猗與硯岡於古爲三職在編研志存埏墍用不究材握砥者怍在漢遺佚厥有兩唐稱其家兒德厚流光秪繫其逢匪拙之以封恨堋辭

奚千萬祀

卷二十五畢

胡澹庵先生文集卷二十六

宜川後學符秉龍斯萬　校閱

宋廬陵胡銓著　鍾蘭映奎紹虞賡文

　　　　　　　溹龍綮廷棟騎屋

　　　嗣孫　定靜園近仁元長　編輯

　　　　　　逢盛亮采值夏道院永陽院背仝訂

墓誌銘

歐陽先生墓誌銘

其外姪歐陽裒乞其父銘且以其族子國學生箕狀

來言曰先生諱應求字仲俊姓歐陽氏世爲廬陵永和人其族譜有文忠公之世次在曾太父諒太父震皆鏟迹邱園父景先少篤學警敏年十五賦諸葛管蕭之亞有司動色以爲得宿學及見乃年少由是知名其兄景仁亦聲動塲屋兩人皆早慧鄉譽藹然每與計偕而卒不偶晚得衡之耒陽尉以沒而其兄亦終於宜之太平簿歐陽之居永和者登第踵武而貢於太常者相望也鄉曲號爲儒林名族而此兩人汨振乃爾衆爲稱屈先生有賢父兄而又弱不好弄夙

悟少成於書無所不觀尤深於易早舉進士以母老不行建炎閒嘗類試漕臺一出不合即退居開門授徒且學且養無復進取意與其徒道堯舜孔子正心誠意修身齊家爲可用之説㝠猶陋巷中蕭然藜羹自以爲天下至樂也學者心服而誠尊之鄉人無少長咸稱之曰先生天性孝友初娶劉氏一子方齓母夫人胡氏以其適孫尤鍾愛起居必偕偶夭閼先生往視之坦坦施施割情忍愛以安母意未幾盜作先生奉版輿避地里之鄰城山一日寇至同避者悉先

去謂必不免先生逡巡負親涉江亦免於難張氏姊寡無子一女尚幼貲頗饒衆爲覬之先生悉力全度迫其長擇人嫁之盡授其業親友或有負即窘甚不切切人自不忍欺先生容貌魁梧頎然而長三尺童子與接亦低眉拱手可近而不可狎操履堅正於朋友義而信居鄉敬老慈幼怒無厲色目不闚要人門足不染訟埆塵厚性寬中犯而不校非僻亦無自而至常著書課子每曰人强爲善尚或罹禍况爲惡乎善而罹禍正猶秋蘭之厭風霜雖若槁矣而芳不輟

於歲時惡或徼福亦猶朝菌之蒙雨露即苟榮矣而質不能於晦朔吾寧爲善而罹禍可爲惡而徼福乎其言切理類此喜吟詩字畫遒勁雖造次不作行草自號樗叟君子謂先生不應辟召似徐孺子類乎處順似黄叔度至耄期稱道不衰似及門於孔氏殆未可游夏輩也卒於隆興二年三月辛丑享年七十有六以其年七月壬辰葬於縣之膏澤鄉桃花原先塋之右繼室解氏一男曰裒好學有立葢申鮮虞之傳摯云四女長歸龔從弟昌容次適羅鎮彭允成季在

室孫男某孫女某皆幼先生之塋易歲矣而銘未刻重惟積行之君子不幸不見用於世至抱其業以卒而世之君子樂道人之善者又無從揭而揚之則生者有愧而死者長遺恨於無窮輒次其事以授其子使告後世達者銘曰

嗚呼穉叟世哭梯以生叟憂憂也犇結以取容叟耿耿也嫉披附炎獨凜凜也忠信以干城非僻無以入也自謂空言實活國之藥也我識其藏視神未四尺無愧色也

徽猷閣直學士向公墓表

向公諱子諲字伯恭丞相文簡公之五世孫欽聖憲肅皇后之再從姪也父諱宗明武德大夫提點江南東路刑獄贈開府儀同三司世濟其美公生而穎悟絕人弱冠已嶷然有立元符三年以后復辟推恩補假承奉郎越明年后崩以恩遷雄州防禦推官久之除鎮南軍節度推官改宣義郎累官至右大中大夫終於徽猷閣直學士公之云爲則吏部侍郎汪公應辰所撰誌銘詳之而其子朝奉郎新知興國軍澹以

公遺事屬予表其墓三請益堅乃不辭而聞命公爲發運在符離時僞楚與南都尹有連遣人徃合肥有手書至尹所公檄諸司密切體訪尹不得已繫僞楚使人於獄公乃稟大元帥早已屯南都以息奸宄異志若擁兵東下其孤軍恐不能遏誤國大事旣尹果以財賦不足爲言公即辦三十萬緡報帥府以伐其謀後聞僞楚所遣使人自合肥還是日即召執政議事至夜分罷翌日乃請元祐太后聽政寇以國號狀前手書不復施行矣爲民部貳卿也虜使在廷其議

頗秘公約同列請見上及陛對公云虜人莫測當審
度情實毋墮其計中宜飭邊臣嚴備論奏甚詳時翰
林學士朱震卒上深悼痛遣建國公臨奠公云師道
久廢陛下崇儒尚德如此可以風化天下上曰震與
楊時胡安國皆學有淵源深於春秋且論先儒異同
之說因乞安國謚并春秋序及薦尹焞顧問再三隨
事敷奏移日左史潘良貴侍立彈公久勤聖聽公退
即上章待罪且乞致仕畧曰身叨侍從職在論思入
覲嚴宸疊蒙清問但欲丹衷之罄不知寸晷之移遂

至糾彈是爲過咎上批向某無罪可待所乞降詔不允且令具當日奏陳事迹宣付記注良貴亦待罪乃增入無益之言之語主上以爲面諛以公所論奏室諭宰執且曰豈謂無益況棏前語何由得聞良貴亦特放罪於宫祠公求去不已乃以徽猷閣直學士知平江府今年實隆興二年是以爲其表

諸王宮教授徐奉議墓誌銘

君諱淮字佑元系出衢之官堂唐末徙信之永豐高祖諫與韓魏公同試於禮部自是友善魏公入相累以書招致不出授將仕郎有遺書藏於家曾祖伸祖季皆有隱德父汝霖年八十六紹興乙卯春以慈寧皇太后壽八十恩授右承奉郎致仕母葉氏年亦稱是封孺人君嘗作雙榮堂莆田鄭厚記之君服綠二十年既通籍合賜章服力請於朝乞回授其父有旨從之君之愛親切於愛身凡有所適得一甘膬必歸

遺焉嘗客於臨安一日謂友人親老矣始生之日在即吾忍重數百里之勞失吾親一日之歡乎遂浩然西歸爲壽愛親類若此方舉子時慷慨言曰苟且時文僥倖科第何用哉周官書成周太平之典且在盡肆業焉庚戌秋遂偕計試於禮部不偶甲寅之秋見斥舉場詣匭上平邊八策權臣惡其言危以微罪歸泉石灌園蒔蔬以養親庚申秋再薦春官爲禮經第一聲名籍甚學者莫不歆羨初任鄂州教授鋭意簡諒有鄒魯風鄉人流寓者咸加訓勵預薦者無慮數

人終更教授郢州會通判許太守姍時政朝旨下本路寃切謂君實與開君抗言直守坐是俱報罷一時有識之士皆以其直節許之君隱居不出者九年恒賦詩自娛有冷眼旁觀堪一笑着鞭歸去却如愚之句會恩授武岡軍判官輟俸以新廨舍抑兼并以懷溪夷分米以周族黨嫁不給之女沾丐君惠者又不知其幾人管庫吏有以錫易白金者郡將漫不省君發摘其奸人莫不服其精明朝廷更化俾郢州之屈且薦者章交攺宜教郎差除諸王宮大小學教授令

上即位遷奉議郎初罷官武岡褚無長貲託妻子於邵陽之姻家单騎歸里隆興改元夏五月復抵邵陽攜其孥泝潭湘浮洞庭檣傾檝摧鄰數舟賴公精禱以濟是日微公幾殆人以方婁長者先是夢一持檄者報云今兩國兵交恐坐視耶既寤益以功名自許還至鄂渚謁岳公廟徃嘗入劄於執政乞復公侯爵過是悽愴嗚悒感疾談笑而去其別諸孤之言曰汝輩當以忠孝實吾志所恨者不克終養死不瞑矣葢棺凜然如生鄰里鄉黨聞者咸下淚公尚氣義發乎

文采見諸行色章章具在豈古所謂以義將其氣者耶至於新永豊學立栁相祠皆君發其端里人有客死雩水者與君嘗有一日雅君往白郡發塚而歸其喪咸高其義主上起魏國張公總戎閫外君乃草儒將書數千言盡古今用儒之效上之政府意葢欲任魏公之專又獻五啟八劄皆切中時病政府偉其才宫教之除示引用之階惜乎不幸死矣娶武氏子四人時邁時適時遇時造女二人長適進士俞潛宜次在室孫五人女孫二人時邁以左廸功郎新德安府

司戸參軍白與時狀乞銘於其辭之而請益力乃銘曰

惟銳於氣動必直惟勇於義必形色反是不諛乃毀則是謂非天喪厥德暨佑元滋學殖恃氣嗜義衆所嫉一跌不振隣鬼域鑱石墉辭詔來哲

廉夫弟墓誌

處士府君胡鍔字廉夫吉州廬陵人祖諱愷父諱汝明皆鏟迹邱園母任氏夫人生一男一女羅氏夫人生五男六女君羅出也與予同堂少予八歲幼同學長同春藪紹興初予官於朝坐狂瞽謫閩越又削爵投嶺海不見君久者惟嶺海時爲然辛巳夏得旨自便還里弟兄相處如初未幾予召赴闕隆興甲申冬自少常伯使淮東浙西措置海道以過金寇獲譴罷歸復把盞論文道舊歡甚丙戌春偶遏地傷足不良

於行者久之冬十二月庚寅疾革辛卯遂屬纊不亂享年五十有八娶鍾陵趙氏户部侍郎庶明之曾孫左宣教郎昌之妹先卒男二人漸渙皆力學女二人長適暨世賢次適李諲孫男二人曰榣漸等卜以丁亥二月乙酉塟於吉水縣中鵠鄉白蓮之原君之同胞兄鎬手書卒塟姑識歲月其詳則俟暇日乾隆三年

安遠縣令曾從令墓誌銘

君諱耑字景礽姓曾氏吉之廬陵人曾王父諱億贈朝議大夫王父諱鎮左朝散大夫廣南西路轉運判官贈開封府儀同三司父諱定民右朝請大夫致仕曾氏系出武城國朝有自溫陵而家河北者族尤盛自丞相魯公而下皆正直有聞於世其名悉冠以孝時號二十四孝樞密公孝寬龍學公孝序與開封公俱官轂下以尊行拜開府開府之冢子朝散公官宜春而龍學罷帥長沙道焉又以兄行拜龍學廬陵河

北之族相輝爲名家開府公四子皆宦達而三大夫之世幾無白丁三宰六縣翕然以循吏稱時以比河東三令君大夫公長子天性孝友直勁爲曾氏良子弟舉進士不偶棄去年二十二以父任授將仕郎初調南安軍南康縣主簿異時鬻産者以逋租坐繫或至十餘年死者塡委君一語而決每出入阡陌馬首羅拜徃徃而是部使者才其爲委公行屬郡核兩稅所至聞風以聳凡溢額者舉從實無秋毫隱尋攝法曹椽老吏服其明習俗訴徭役自邑之州之部紛拏

至累歲州以委君不一月定五十有四曲當其情秩滿歸踰年監潭州南岳廟用舉者陞從政郎調永州零陵令直嶶猷閣鈎光祖將漕江西奇其才辟宰安遠縣縣當三路四邑之衝負販所道極號巖邑趨銓曹者率摇手去攝者十數概以敗聞君談笑而理桴鼓稀鳴豪猾束手不得逞興學養士以俎豆饜戎馬雕俗爲之簫勺經界法行君鍵吏有方民用不擾指日而辦無一訟者曹勲以王命分行江西至邑慨然曰一路惟行良法無出安遠右者歸當以聞會勲罷

而止提刑李芝郡將曾慥許中稱其循良論薦章交越兩書考丁母宜人憂以毀骨立服除期年而卒享年僅四十有九實紹興二十四年四月十六日也君有至性大夫公苦眩疾晚彌甚君不忍遠去溫㝵清餘十年曁大夫公終免喪始遷官南康及瓜以母春秋高丐岳祠便養之安遠又迎以行母慈子孝人以爲難君之行類此君五兄弟友愛尤切祄奉親之官而弟業方侍次崗亦隨侍合指數百𠇍幾何崗婦卒取辦無吝容清遠尉崟適護所生母與妻之喪來歸

尋亦逝君悉力營斂纫孤纍纍咿嚶滿前酸入四鄰卒以我乎給母葬既祥清遠而次入喪君圖窆穸而病彌亘朞一日愈仰禄以給志不就而死矣先是從父文林君之子卒無子二女在室君經紀喪事雖怨不宿卒使其女有歸曾氏世以仕爲家自開封府以降皆清白名而君尤著稱性不喜殖産一室蕭然以故仕益貧嗚呼是足律貪矣君少有遠志在大庾日禮部侍郎張公子韶高其才與之論文而參政孫公叔詣尤所器許中書舍人程公子山深可之嘗云景

礿學問通博操行堅直器識如此政恐不免必將摩九霄澤四海矣又云士能砥礪操守炤映一世亦何必苟冨貴人以爲名言娶郭氏内相諱知章之孫通直郎監在京入作院恂之女前卒君鰥居二十年或強之醮曰吾非曾孫子非華元遂已識者以方皐虞王駿云子男四人由仁處仁皆力學餘早夭女一人妻太學胡某卜以歲之十二月壬午葬君於儒林鄉虵蚢之原從治命也有文集數十卷敢以爲不腐託輙狀其實以告某曰予在海外時箕録君之實以乞

銘以罪垢不敢諾比召還備數箕速銘益力箕予猶子也其言不妄遂叙而銘之銘曰

惟君材器加人兮惜不暴輝於時一邑已可觀政兮豈不庶乎古之吏師以其已爲兮可以占其未爲矧學問文采之昭映兮如臨乎玉川閭奚中道以折兮悼朱草之先殂軼迅風於清源兮聊塴骨於潢汙

會昌縣東尉羅廸功墓誌銘

其壬午冬十月被旨召赴闕與長卿别不三年而長卿即世乾道改元春正月某還自王所急往弔哭越三月其子泌扶服乞銘 曰予與若父最故且厚銘非予而誰但方以狂瞽 詎姑少須泌請益虔自夏徂秋固辭不獲則叙而銘之長卿姓羅氏諱良弼長卿字也其先占長沙辟馬氏亂徙廬陵曾祖諱寬祖諱允皆業白不仕考諱無競知邵武軍建寧簿其卒也人相與謚爲孝逸先生長卿力古憤先世不偶卓

然有遠志建炎三年復詩賦科一出首鄉舉紹興丁丑廷試授廸功郎調贛州會昌東尉資性孝友祖母太夫人劉嫠居三十年男若女凡七皆前卒養志承顔秋毫咸當其欲劉耄期而終塟祭極洗腆母朱寡亦二十年叔母郭尤早寡長卿竭誠奉二母故母得以善事其姑同母弟開出爲季父後與之處無間言比没其子未冠友愛不替及之官與其母子俱姪若子姪早孤舘而訓之有胥人嚚頑誣巇曾不之恤幼孤終有立焉撫育從孫甥擇儒生嫁之人多其義居

瀨江好山偃蹇如畫亭榭罨栯翬飛數百楹當建炎先火之盜奮里無餘家而先廬獨全辟地者數十姓虛室以館之餘二紀餽餉久益篤人悉賴之居鄉忍簡恭慶弔禮無遠者急人之急如不及歲饑棄倉實賙給以約自處而待人極周口未嘗及人惡有詆之者不少介意後乃自愧顙民悍難格推腹心待之感悅而化邑有巨盜閱數政益張到官無幾何獲之人爭繪像祀焉天性敏於事大吏數委以疑獄平反不顧令佐分鄉督租獨毫忽無擾故不趣而辦其終也

邑人愛而哭者不勝計里巷汪汪太息出涕及喪歸復遮哭罷市居官廉勤凡服食器用不遠千里皆取足於家中書舍人周公與書曰邑雖小不應陋如許殆欲礪葵魚之操耶甲申十月一日得疾七月稍間視事如初是暮疾復作呼泌立床下曰吾少時意功名可指取落落晩節汙頹復來其將溘然汝兄弟友敬勉自植立無墮先緒吾志倘伸幸矣遂瞑爲十五日也享年五十有七藏書自上世已萬卷至長卿不啻倍蓰皆手朱墨表無虛帙時謂語曰校書不校書

乎謂不入館閣也其親抄書僅千卷字畫如刻人以擬隱倈云長卿才識兼長博學强記凡百家雜志下至稗官虞初之説無不淹貫上下數千祀間成敗利病灼見如火然自少逸羣與人無畦畛而擇交甚嚴燕坐蘭堂翛然賓朋沓至潔樽枯棋賦詩奏雅恢諧不虐議論鯗遻善類一見傾葢久益愛重里人彭公曰予之知識此一人而已耆儒清節先生蕭公以爲非常人比詩文往來必曰友弟顯謨閣直學士劉公尤加奬許每議古必與聞其與長卿幼學時相與肄

制舉業服其博洽某嘗賦詩云笑春燭底影湔淚風前杯用衛恒書故事口占未畢長卿應聲云此法帖第五卷隋僧智果書也又嘗讀崇文總目長卿曰某書若干卷某集若干卷已而檢眂無一不讎雖唐二崔號爲强識不及也有文集三十卷歐陽三蘓年譜一卷著欣會録十卷詩話二十卷聞書七卷皆未卒業而仕遲亦蹇蹇與時左嘗喟然曰吾隱乎人以吾爲矯吾仕乎芋魁豆餈我豈無哉吾其漫浪於人間作鵬鷃游乎因自謂漫叟初娶某從妹繼娶劉皆先

卒男四人曰秘曰濤次仲孫爲生皆夭女七人長適某猶子漸次歸某從姪孫椿餘幼某孤卜以歲之秋九月辛酉葬於縣之膏澤鄉石蓼崗之原銘曰

嗟嗟若人孝友不隳學衆高之文衆範之漢顯節陵齊柏寢器以方印友不曰强記云誰無子孰不抱孫克繩祖武乃對文人方萬里轅發軔軸折鑱石堋辭以穀來哲

胡澹庵先生文集　卷二六　十七

越國太夫人郭氏墓誌銘

乾道改元十二月丙戌，武德大夫權發遣江南西路兵馬副都監吉州駐劄喬昭祖將葬其母，以左朝散郎直秘閣提舉福建路常平茶鹽公事吳龜年狀踵門乞銘。扶服拜且哭，不勝哀。又屬某族家子免解進士昌齡、新贛州興國縣丞昌言繼有請，不懈益虔。某曰：近世冠鶡尾者，親死不服，且曰是在三尺法，敢戾法乎？某頃在西掖，當草淮南將士奪服告，嘗抗議乞聽其服，廟堂執不可，奏請自今將士不服免給告，遂爲定制識者非之今昭祖執母喪應禮又能力請銘其墓固當大書特書以羞鶡冠之類可但已耶刪取其狀序而銘之夫人姓郭氏世爲汴京大姓皇曾祖諱愉太廟齋郎皇祖元基贈宣奉大夫皇考冲贈奉直大夫母張氏累封恭人夫人年二十有一歸開封喬氏爲贈太師魯國公諱用安之孫婦贈少傅竦之婦故檢校少保武泰軍節度使開府儀同三司贈少師仲遷之配太師息女實事徽宗爲貴妃七生帝嗣徽宗親洒宸翰以紀其實故喬氏族大而貴夫人之

歸也舅弗逮事事姑秦國太夫人惟謹秦國家政嚴閫内漸漸夫人盡婦道敬順無纖毫違顏獨見稱賞少師薦歷華顯德望稱重不幸早世長子亨祖方幼學次皆嬰孺襁褓厚撫之事悉夫人裁畫禮無違者時夫人纔三十有二撫羣幼哭且誓之死靡他貴妃深加閔奏乞入禁中慰存之殆無虛月遂以妃閤養女嘉國夫人王氏妻亨祖恩數腆縟丙午之變貴妃從狩夫人力請侍行貴妃止之乃携挈寓海陵醜虜長驅幾獲而免諸孤復爲潰兵裴渊所掠夫人傾貲

以贖既渡鎮江復罹兵亂遂由建鄴從隆祐太后趨豫章是時北人隨屬車南來者萬萬叛將趙萬一網殆盡夫人扁舟倍道得免於難尋抵章貢而羣不逞變起會卒無一口被害者人以爲難後亨祖官於廬陵及瓜遂家焉夫人年益高耳目精明而志慮不衰子孫詵詵長者出仕而少者未立凡家事一聽闗決男就學女趨紉縫各得其職嫁娶必擇所宜聘幣待禮區處有別至如朝昏伏臘米鹽豐儉靡不中度宗姻問遺絡繹周急之惠下及委巷夫若子契舊冠蓋

經過禮意周旋皆爲感服夫人七兄掇第者六一時儒林歆羡夫人熏炙其間亦能博涉羣書諸兄臨文或遺忘夫人輒成誦家政嚴以故幼長僮隸無慮百口肅然無一敢疾聲遽色初儆民屋以居湫隘弗敞乃拓地飭材一新其室非直爲輪奐之美蓋欲崇廟貌以奉先也於是夫人年加老矣五子即世者四獨昭祖在依依膝下不忍去遠請於朝得以副戎奉甘旨孝行有聞甫盡孝而夫人以疾終實乾道改元六月二十三日也享年七十有一累封福國夫人以昭

祖遇郊祀恩加封越國太夫人男五人長即亨祖武功大夫惠州團練使兼閤門宣贊舍人皆前卒次即昭祖次顯祖成忠郎亦前卒孫男八人宗尹忠翊郎宗煥成忠郎宗說宗虎皆承節郎前卒宗憲宗愈皆保義郎宗忞宗召俱幼孫女十二人秉義郎趙不侮興國丞胡從政之子暠進士王世昌秉義郎王處儉工部侍郎郭公之孫登仕郎贇成節郎趙伯憙進士譚延世張光遠其壻也餘幼曾孫四人世美世寧世雄世延先是某自合江自便歸田夫人遣家伻携壺

犧迎其抵郡登夫人堂拜且謝坐未定夫人曰讀親家請尚方劍章疏謂爲古人今三十年矣國事若爾奈何某退謂所親曰嫠不恤緯而憂宗國之殞辟司徒之妻憂其君之不免夫人知念國事視古人何愧焉可銘也已銘曰

坤從德常反是匪臧婉婉夫人六二懷章嬪於大家歸直其良有藉宫門闈奭日光刀舌厲階知德者鮮獨嗜儒書儉身以善配不偕老遂慕共姜四十四年不揉其芳有子有孫克昌厥緒天理不欺奚假僂句

雲騰之麓即遠有期封恨九厚繄此銘詩

卷二十六畢

胡澹庵先生文卷二十七

宜川後學符秉龍斯萬 校閲

宋廬陵胡銓著 鍾蘭映奎 紹虞賡文

嗣孫 澐龍篆 廷棟騎屋

定靜園 近仁元長 編輯

逢盛亮采 值夏道院 永陽院背 仝訂

墓誌銘

貴州防禦使陽曲伯張公墓誌銘

乾道丁亥六月庚辰宋故知循州兼管內勸農使特

授貴州防禦使陽曲開國伯食邑七百户張公諱寧字安道終於正寢其孤舜臣將以十一月庚寅塟於廬陵膏澤鄉李塘山之原以左朝奉大夫新權知武岡軍羅公棐恭狀蹐予門扶服請銘予辭之固而舜臣踰年不怠益虔予謂繁冠者流親死不喪如舜臣知禮經自盡之義世豈多有銘其親爲宜矧公與予居同郡有一日雅予頃自海南内徙合江公被兩送别面致百金爲贐予雖不受然是時兩社方修故相怨力欲寘逐客於死公獨敦夙義如此其視徐晦送

楊臨賀何遠哉可書也已遂剟其狀序而銘之公太原府曲陽縣人八世祖永德仕周爲鎮寧軍節度使仕皇朝爲中書令延賞世不乏人五世祖從弼仕東頭供奉官四世同居服膺義方訓曾祖諱益祖諱景皆弱冠而卒皇考諱璵以氣節爲鄉評重政和間中武材選赴闕比試優等特授承信郎鄜延路經畧安撫司指使初到官例拜庭下喟曰我豈爲寸禄屈拂衣去終身不復仕累封武節郎致仕累贈武經大夫公幼沉敏自爲童時嘗與羣兒戲坐大木下自稱將

軍指麾號令莫敢仰視父老異之知其後必爲大官及長儀表軒岸好學尚氣喜論當時大事年十九備弓騎詣河東經畧司校馳射充効用宣和七年冬金虜圍太原累月援不至帥張孝純募勇士告急京師時虜騎雲集人皆憚行公白皇考欲應募且曰萬一不達恐爲親憂皇考曰忠孝不兩全無以我爲念公乃趨府奮然請行時城南堅壁不敢犯遂自城北冒圍轉戰以出中十餘創力疾至代州始得馬乃克行既達汴都詔都堂問狀公具陳敵勢應對慷慨丞相

吳公敏大奇之有旨特授進武校尉尋差充樞密院准備差使守禦京城宣力爲多建炎改元充御營使司隨軍使喚武僖公劉光世提舉御營倅公材氣辟至帳下武僖討賊張遇於池陽公自城下奪橋以戰追至湖口三戰交捷特授承信郎巨盜李成初就招既復叛詔討之分兵爲三道武僖自將一道襲賊於新息公甲上加白袍冒矢石先登所向披靡諸軍繼之大破賊薄暮武僖歎其勇親爲傅創賞予不貲方奏功苗傅變作恩不及建炎三年從武僖勤王於臨

安特授保義郎劇賊鄺瓊有衆十萬躪淮南詔武僖選將招撫先是使至賊營多爲所害武僖病之公曰狂賊易與第所遣皆庸人耳遂請行至則曉以利害賊無降意爭欲害公先奪公所乘馬并傔從屠之公叱曰我以天子命來敢爾耶汝等見古今作賊有保全要領者乎不爲黨羽所殘即爲朝廷誅戮子女玉帛終爲他人有方國家艱難之秋取富貴功名不猶愈於爲賊乎賊黨相顧竊議久之愧謝曰能恕我否公曰爾等無知若能改過朝廷猶可恕爾我何校遂

羅拜聽命且獻金帛名馬詔鄺瓊以所部就知楚州未幾遣大帥杜充節制擁衆渡江公馳至青陽見瓊詰責之辭以賊衆迫脇公乃與瓊謀除籍不從命者七十餘人置酒高會伏甲士戶外酒酣伏發有盧大椽者賊驍將也罵公曰首謀者汝也拔刃相搏公手格殺之餘無一脫者悉尸於野公急呼瓊連騎徧諭賊徒復歸朝廷部曲凡數萬人惕息無一敢逞特轉忠翊郎隆祐皇太后自豫章趨贛也公追掩金賊収復洪筠袁等州還自江西與瓊同破妖賊王念經於

貴溪功無出其右者虜帥撻辣侵軼淮東有渡江意武信命諸將拒之時偏裨集議欲退師以避其鋭惟公與前軍統制王德欲戰大戰於楊子橋公躍馬疾呼出敵後戰酣德等不支敵乘之我師敗績是日將佐數十人遇害公奔而殿馬眉不能馳虜騎有張胡突者本漢兒見公異焉約爲兄弟遂得不死一日公説胡突曰我南朝將馬能久於此劉公本番種汝等久戍勞苦能與我同歸劉公則安享富貴矣胡突然之密結番漢得三百餘人來歸中途一酋遲回不進

公立斬之以狥餘皆股栗莫敢回顧武僖大喜將薦於朝時公春秋纔二十有九氣豪甚歷詆諸將撓敗忤武僖意止遷土官自此諸將服公忠勇皆敬憚焉紹興改元公再渡江却金賊過淮功冠一時特轉一官滅三年磨勘定遠賊王才乆據横澗山武僖命與瓊討捕横澗高險去平地十里許築壘以自固衆欲攻之公曰不然敵有堅脆攻有先後城險如此豈易克柳塘距賊壘十五里賊之吭也可亟據之蓄鋭以示弱令賊折兵攻濠必還兵自救若得一戰保爲諸

君破之舉軍皆咲居十餘日賊以我爲怯會濠州賊夾攻柳塘公與瓊益勵士氣分兩翼以戰臨陣斬一囚渠賊大敗會暮欲休公曰破竹之勢不容緩遂追之即攻其壘方窮蹙乞就招盡降其衆夷其壘而還衆乃大服累功凡五遷特授武經郎公自御營使司歷鄜延路第三將部將淮東宣撫司正將保安軍平戎砦兵馬都監以建炎覃恩轉武節郎四年以所部應援制置使岳飛攻襄陽府收復唐鄧隨郢州信陽軍特轉武德郎是年金賊犯邊詔移軍當途控扼大

江賊退特轉武畧大夫初武傛以女真契丹漢兒歸附者置赤心將選腹心爪牙士以將之多不爲士卒所服率以罪去武傛以公甞招撫同其情攺公赤心正將公擇一倔強健訟者俾執賤役辱之以警衆其徒不勝憤激怒之對曰張公清嚴甘受其辱六年武傛遣酈瓊破僞齊劉豫兵於甘羅城獲數千人公以新病疲薾不能出戰客説武傛曰此國家百姓不幸爲賊汙脅皆非勁卒戮之不武徒堅其事賊心不若縱之以示威懷武傛悦而從之未幾劉豫遣其子麟

犯順公以所部戰於壽春之羊前市再戰於淝河口俘馘不勝計功第一復彈壓僞統領張汴等赴都督府凡三蒙推恩以礙正法轉武功大夫尋改差充環慶府第四副將行營左護軍選鋒軍管轄步軍第七正將武信解兵柄詔王德酈瓊各以本軍統制提舉訓練諸軍駐於合肥二將久矛盾相嗤公度其必變密謂所親曰平時衆人忌我變作我必先被害乃託故求至江浙德等許之臨行謂所部賈知古曰設有變以弱息舜臣爲託公至建康謁故丞相都督張公

浚首陳瑱必變都督公領之而已不越月合肥全軍叛衆謀兵部尚書呂公祉死之行闕震驚張公始悟公言趣召公往招諭且問方畧公曰瑱猾賊必不來瑱竟降虜張公留公别統兵公以少離鄉養不及親惟一子不能相保厭苦兵間固乞外補改充東南第十二將會金賊廢劉豫割地求和公走萬里父子如初人謂陰德之報東南將兵數千皆瘴鄉疲卒漫不知戰異時多售工於外納錢本營以免校閲謂之買工本營月尅將兵請給以爲雜費爲之常例公一切

禁絶汰老弱充剩員工匠依條降刺廂軍精加訓練自帥憲以下格外占破將兵悉追還分番校閱衆大怒未幾郴賊駱科擾廣西帥胡舜陟檄公統制軍馬往捕之公至賀州以賊衆我寡按兵不出力請濟師帥司發融州上丁三丁督戰者絡繹於道公謂副將白振令以罷卒當數倍之賊未見其利賊所以不敢深入者以我扼其要路不知虛實也不戰不過罷卒褫爵列城可以無虞妄戰必敗既失要害賊可以逞我不忍以數萬之命易一戰竟不出兵帥大怒於是

常占破將兵者皆因以中之遂罷去公至長沙時將官陳元裴鐸元世顯官受等各以所部客軍爲安撫司統領潭人岌岌帥給事中沈晦素喜公辟中軍統領總護之久之廣西漕呂原以私怨劾靜江帥不法有旨委棘寺官就靜江制勘公以臨賀不出兵事亦被逮詰何故不戰公對如初敕公特鐫一官時紹興十四年也十七年復原官十八年廣東諸司列奏殿前司摧鋒軍統制韓京跋扈狀而京軍烏合久戍廣東雜以曹成餘黨陰相與應和朝廷深以爲憂顧未

有以制之者直諸司奏上時和王楊存中帥殿巖亦以公名聞特差東路兵馬鈐轄俾就圖之公至番禺改充摧鋒軍統制兼知循州時廣漕李利用攝帥勸公徐行以覰釁公曰迅雷不及掩耳久則變生即日檄本軍先交番禺所屯兵京素憚公聲威皇恐聽命本軍主管機宜文字王儼平日助京爲虐公首置之獄餘一無所問摧鋒軍舊制左右前後選鋒六軍公曰京敢跋扈者政以體勢太重遂易以六將其幕厲止留二員餘俱乞廢罷有閩中降賊伍全號黑龍久

未推恩公察其可用即奏舉補初品官留帳下今爲正將多立邊功雖李愬識李佑不能遠過公牧人寬簡御衆整暇剛柔適中總宏綱畧細務聽訟不以原造爲首有誣告不實必反坐雖至流徒不恕有頃特授右武大夫復除廣東兵馬鈐轄兼知循州統軍如故實二十有八年也是年郊祀恩特封陽曲開國男食邑三百戶廟堂以公坐鎮南服勤勞十年特授貴州防禦使公以春秋高久苦颶霧得疾屢丐罷客白當路請以郭振爲代振今爲步軍帥人益服公知人

三十年始得請改充浙西兵鈐轄公力丐祠得主管台州崇道觀既抵廬陵謂其子曰知足不辱知止不殆其爲菟裘之營吾將老焉可謂知命君子矣三十一年明堂禮成進封開國子加食邑二百户上即位之二年當隆興二年再任台州崇道觀乾道改元進封開國伯加食邑二百户明年三請祠復主管崇道觀公早以智勇奮身冒矢石創被體晚得足弱疾遽乞致仕喟曰我太原一布衣耳以微勞忝竊至此比歲用兵不能力疾膏草野有愧吾家睢陽若死歛以

時服勿厚瘞且占遺表有無事爲有事之備之語雖死不忘衛社稷公無歉焉享年六十有六公賦性剛方開口見肺肝是非曲直必面剖決喜讀論語老子左氏春秋司馬温公通鑑見前代忠臣義士良將循吏則書以爲式其奸邪驕暴則書以爲戒嘗手録道德經二卷佛書數十卷其欽也舜臣泫然流涕悉以納諸極又嘗手抄孝經論語孟子各一編以授子孫公少豪於義恒慕燕山竇諫議之爲人周人悉至傾褚遺之無吝色公先娶趙氏陷虜守義以終繼室王

氏先公卒皆贈恭人今室劉氏封恭人男二人長𦞦臣成忠郎早世次舜臣女五人四先卒一在室孫男十有四人子諒保義郎子譓子禔子該子禖子謨子祕並先卒子禮子謙皆保義郎子礽以疾廢子謚承節郎子諶子䄄子訴當受公致政遺表恩孫女一人尚幼舜臣殿前司將官以公老不忍離膝下乞罷任固辭乃止温凊暇誦詩讀書不忍妄友迨執喪也弔無雜賓識者謂公有後公平生云爲尚多可傳弗識識其大者銘曰

張處清河后爲韓人翳八世祖中書令君陽曲是遷棄韓不還及公來南遂家廬陵天資忠孝奮繇鞭弭克剪大憝爰刺千里鄭君冡銘誠明可稽字民必誠不誠則私馭吏必明不明則欺臨陣必誠不誠不決者令辯對於庭必得其枉直情乃已由是嚚訟頓革諸邑有逋租先治大豪餘賦不促而辦未嘗以私喜怒佐賞罰雖親愛有罪不貸京在廣東有盜不即討至監司檄請州郡哀懇者兵乃出賊已熾矣聲勢既張輙獲重賞公謂諸將朝家賦民養兵藉兵保民縱

賊害民以從事是自爲寇後有竊發聞報即剪滅不者以軍法行之由是期年之間遮栵益稀商旅夜行外户不閉嶺南俗尚巫病不服藥公延名醫立藥局又令子舜臣爲提點藥食士卒有患者必給醫藥公或臨視必煮藥飲之風俗漸革禁止諸巫部曲産子給緡粟之有喪必躬往弔問且致賻仍字其孤二十二年虔卒齊述變逐守臣害官兵攻南安將窺嶺表公命統領郭蔚裨將李忠屯兵境上以待賊知有備而止復嬰城以守叔前御史田如鰲入城稱已撫定

然宵掠如故詔委公措置會金房帥李耕罷還即除殿前司遊奕軍統制就知贛州節制諸軍楊和王遺耕書謂公智略輻輳凡偏兩之事令悉咨焉又遺公書俾助耕措畫以故兵間一切皆稟成算時諸軍以統帥被命者凡三以戍兵會者又數人咸欲急攻以求多公曰兵法不得已則攻非良策也今營壘未固萬一賊衝突則所法連結未可以歲月破也今日之急當塞其逸路彼雖守孤城如鼎魚假息耳乃環城植鹿角立木柵二日就賊以公所當大南門最爲喉

柵盡銳夜攻柵悉修之無得越者於是諸軍爭立柵賊始窮矣公度方寒沍賊必聚飲宜掩其不備亟厲諸軍奮擊而偏裨李進魏忠伍全等冒險先登一鼓克之剗耕與諸軍約得城而下者死偶西隅弛備賊二千餘突出將至南門公亟令親兵數百縋而下賊至不得逞力戰薄之於濠幾無噍類將士梟其首數千於鹿角脯其尸食之公曰嗜殺人者道家所忌盡取暴骸封爲京觀時百姓死於兵疫弗克瘞積尸盈城公聚爲叢冢命節度推官鄭厚銘其所且有邦伯

誠明之言士類稱之先是如鼇被囚使諜告急公以
計出之且責其不死節人多其義蒙恩賜三品服特
授忠州團練使聞皇考訃力請觧官持服葢慕叚太
尉終喪之義朝廷不允報復視事固辭久之料敵必
明不明不察公爲邦伯誠明豈弟及其總戎誠明果
毅大哉誠明文武一致惟爵與服品秩在三矍鑠白
檀與漢將參不屑仕進勇梶其驂退猶憂國心亦如
餤訓子若孫詩書手録視死如歸談笑就木高澤之
鄉李境之麓鑽石堋辭不朽兹卜

胡君商隱墓誌

紹興壬戌秋某自福唐幕被旨竄逐嶺表道故里商隱偕其兄遵禮文仲昌辰嘉謨必大及其弟遜臣祖送不忍别丙子秋自島上内徙合江丁丑春復道故里而遵禮諸兄相繼即世辛巳春得旨自便還時與昌辰商隱遜臣過從有頃被召爲吏部郎九遷而爲少常伯侍讀邇英雖金華玉堂之榮然未嘗一日不懷兄弟燕集之樂隆興甲申冬措置海道罷歸而昌辰之行在選又以訃聞惟商隱遜臣同里居邑屋相

比歲時杖屨往來有桂林壽亭溪山之勝一觴一詠甚自適也一日商隱以疾告亟往問所苦則言笑猶平日謂行且瘳矣自春涉秋病益侵遂至大故亟往哭之曰商隱又棄而先耶時五年七月十有六日也既踰月其孤廷端等將以十月乙卯葬於吉水縣中鵠鄉長橋之原來請銘甚哀義不得辭遂次其家世名字事始末而銘曰君諱杰商隱字也其族世則先君渠陽通守銘之詳矣性孝友奉親甘旨得木本水源之義而親悅居喪得勉而爲瘠之義故哀盡善兄

弟得春秋致美之義而兄弟順教子以而不變之義告之故其子勸延子師以五有之義勉之故師嚴交游以山石相切之義處之故久而愈敬吾宗五十年間中科者五六偕計者接武也商隱每以勵子姓故其循子相踵偕計者凡三士人艷之商隱勇於急人難嗇出積費而樂施其里中高年暨釋老氏終日饜飯其厨乾道戊子自三月不雨至夏五月穀賈翔湧市之新奉爭鐍廩戢糶者千百老弱啼於道惡少輩聚十百持棘矜機毒矢脇富室發其廩剽穀而去甚

於寇攘獨商隱盡棄倉實下其直以與民襁負而至者塞路是時微商隱幾亂其舅氏顏思永智叔里之耆舊一飯未嘗不同且周其闕至字其子恩意有加焉顏翁九十而沒商隱方卧病呻吟屬家人調護其棺歛疾甚猶恨不及送舅氏喪雖咸陽日至之悲比之爲歉商隱詠諧縱謔不羈桂林別墅中書舍人周公子充嘗題其壁某云何不鑱之石則曰方外士何知舍人識者賞其介長橋壽藏先卜其處閒一徙徜徉久之曰吾暫游此乎人以爲表聖之達娶同郡鄧

氏男二人庭瑞庭幹皆學殖克家孫男三人戊孫巳孫永老巳能隸業孫女一人巳師尚幼嗚呼十日十二子相配數窮六十商隱之尊父終於五十九商隱亦五十九非命乎後奚憾是爲銘

廣東經略余公墓誌銘

宋故左朝請大夫直秘閣權發遣靜江軍府充廣南西路兵馬都鈐轄主管經略安撫司公事致仕余公諱良弼字巖起既塟其孤以左迪功郎差潭州南嶽廟連君茹狀自閩走介邮書廬陵屬其銘其母其以同年生必不敢辭弟卒卒未暇而其介五年凡三返猶弗克措筆會公之子壻右從事郎吉州軍事推官林君之文過予里懇懇然致其孤之意而不得以未暇爲解也遂叙而銘之公自從仕郎九遷而至左朝

請大夫乾道二年四月乙未乞休致復五日已亥以疾終於正寢娶張氏先公二十二年卒贈宜人子男三人曰大雅再與計偕先公三十三年卒曰大臨右修職郎監潭州南嶽廟曰大用將仕郎女二人長適吏部侍郎林公之子即之文也次適邵武進士馮繼猷孫男七人曰孝立右廸功郎監潭州南嶽廟曰孝揚以公遺澤當補官未奏曰球曰瑞曰珹曰玿曰琪孫女五人長適將仕郎鄧何餘未笄曾孫二人曰宜孫曰宦孫曾孫女五人皆幼銘曰

力贊十連乞師於中詔盍公庚𩍐公世忠自溫絕海不三日至一時供億以億萬計吏莫逞奸民不病歛將軍馭權無不意滿疾馳建寧如山壓卵惟破賊巢雖帥方畧實公出奇運籌帷幄先是順昌余賄作亂驅脅數千寧棄城遁帥委公招以祖母解徐夫人云鄉井墓垓莽爲盜區親黨囚虜汝能解紛是亦口心公矍然起造不測壘喻以禍福虜氣喪褫不遺一鏃民以寧救時紹興礿盜報旁午丁祖夫人哀動行路帥乞於朝超以自助枕塊固辭請繼以死帥使來言

金草變禮上方南顧憂切堂宁情苟徇私豈達國體
公以來歸義不忍起甫畢於堋奏報以下帥命咼來
牢拒不可公不獲已茹悲領職捧檄嘘欷慘形於色
俄有特旨及瓜再任閩之三揖撫掌喜甚選宰富陽
廟堂才之改除密屬以親老辭奉祠天台母憂乃解
毀瘠骨立人爲危駭十有一年服闋里居時張公守
出帥上虞章交公車召赴都堂權臣方張排不附已
密使覘公知我意指坐是不合官處以冗太宗正司
主管財用尋倅漳浦官窘用度前此有司陰籍民户

計口受鹽民不堪命公初下車訪俗吏病乃命僉廳散給本錢與埕戶納輸期勿愆官吏不苛鹽至如山置場出鬻食者不藉買或寡多民情所安爰自漳浦題興温陵南外宗司奏兼宗丞文恭曹公時爲參政薦公才德遂丞匠監惟南安道世守條要朝廷須歷付廣西漕其用印章本朝所賜故事且在非一朝夕是歲輒然求升國王凡厥移文改刻印章邊吏以聞廟堂變色擇使調護莫如公克道除本路轉運判官即引而南辭色靡難刻日與書毋起邉釁毋失國經

處宜審訂稟傳踰嶺宣主德意傳檄安南詰篆同異
蠻酋情得遂梔狡計明年書來歸過於下一置不問
示以寬假欽守瀆貨繼擾互市遠人不平相挺以起
劾守罷之遂以無事廣右軍政不修且壞抗疏於上
歷數其害禁卒廂軍各有名額請給衣糧供應差役
並須正身不許代易比來諸州兵卒逃竄故額雖存
名實相亂兵官軍典上下叶謀私納逋逃謂之暗投
中分衣糧號曰鴻溝名更姓易不可致詰一或有過
又竄他籍倘不禁戢日甚一日乞因郊霈申嚴行下

量力日限許之攺過後有犯者必戮無赦朝論曰然朝奏夕可户部拋降謂之度牒民病大多甚以漁刼奏減其半萬口交悦遂遷亭刑規按無私不顧以苛昭德塞違多所平反如張釋之聖德好生洽於島夷徐聞之寇厥有凌鉄負固嶺海聲摇南粤糾合两司一舉剪滅威憯殊俗盜不敢發枌除靖江有詔鬻爵告身綾紙其數三百幾百萬緡計無所出奏云西廣地率磽确人烟素稀連歲盜賊名爲州郡户口蕭瑟其實不及江浙一邑著手撫摩猶恐未蘇加以科歛

疲氓其逋望賜蠲損仍寛其期上覽奏章欣然從之安南遣使請進馴象檄令候旨亟以聞上且云所進實費民力納象擾民得不償失特返其獻優與回賜却馬還犀此亦奚愧彼南丹州如莫延甚殘民以逞卒難勝任公遣僚佐推莫延廩襲領其州民以奠枕羈縻州洞寮邇邊鄙多掠寠人販入交趾溪酋官典亦復相誘魚貫而行曰販生口老稚壯弱以金定價高者金多下者金寡交人得之如牯牛馬髡鉗如奴役無晝夜官雖約束終弗能禁告捕賞輕人不用命

乞下有司增告捕賞比獲強盜三人以上特與補官以示酬奬應廵捕官躬親擒獲亦視命官獲強盜法首領官典擅行掠賣及其家奴知情而敗斷罪理賞以時決遣追印奪職補次官典人既知畏復貪賞格積弊雖深焉得不革事下都司宜爲定式隆興改元盜作高凉渠魁王宣甚鋭靡亢常兵茂名遂破古藤公憂見顔遣將偵寧會海康兵亟圖進戰時海康守曰高居弁節制軍馬謂能應變初獲小犍輕賊弛備賊潛設伏掩我不意突入後軍我師敗績居弁及寧

束手就執聲摇嶺海勢不可遏邕宜兩將會卒調發又爲宣融藥箭弩手復闋廣東以兵來赴公曰二廣兵弱且疲決不可用無爲賊窺乃會憲臺給榜與旗及空名帖以招諭之且委高州善爲之辭復奏乞師襄陽岳鄂三百大軍以相犄角爰遣岳州御前破敵將軍郝奇領兵五百來駐静江以張師律且命帥臣度宜差撥奇與賊遇於栲栳山殺傷相當交綏而還官軍多疲弗克留處高凉所招亦偶就緒散遣脅從宣賊借補公亟與牘乞補以真且令賊渠赴司公參

適有詔來召公赴闕方以疾辭𠡠不及發續復得旨盜賊平定帥臣余某依舊在任措置安集被後州縣某侯終更召赴行殿賊[illegible]赴司行次信宜値廣東將李宏適來寇始疑慮避山谷宏也要功馳騎襲逐反爲所敗宏亦被執招[illegible][illegible]言賊不復信小人乘間得遂其譖謀我公者復納短卷白簡亟上謂我玩寇遂觸聞罷公亦何疚賊竟就招卒如初議向異論者靣汗懷愧始知招諭之說誠非得已公之入嶺遍歷三司推轂人才片善不遺故吏門生多聞於道政知

大體教化爲急經　潭則新道鄉鄒公之祠繕桂城以復武溪余公之　屬意前喆使人尚德乃若峻臺榭以侈登臨靡厨　以媚過客皆所不喜爲而小人乃以是致煩言之　晩得領祠倘徉阡陌枕席圖史膏肓泉石客至忻迎觴詠終日揷架數千親揭以叙昭示子孫勿墜所付葢笑鄰侯之未觸而不減應侯之手疏平生所爲詩文表啟自甲至辛卷帙條理述作之多無愧魁紀博學方聞尤長於經昭武馮鄂及從父寧從授尚書如漢伏生諤寧相踵以經魁選後

進來學千里重趼凡經指授如味得雋䓗喜邑南龍頭岩者來歸自廣築堂其下揭曰龍山非棊戲馬有暇時往志遂其雅嘗語子孫樂哉斯坵吾得所歸夫復何憂終葬是原葢從其志蹶蹶陛陛後克是似吾爲銘詩以殼無已

卷二十七畢

胡澹庵先生文集卷二十八

宜川後學符秉龍斯萬　校閲

宋廬陵胡銓著　鍾蘭映奎　紹虞膺文

嗣孫　澐龍篆　廷棟騎屋　編輯

定靜園　近仁元長

逢盛亮釆　值夏道院　永陽院背　仝訂

墓誌銘

永明主簿彭廸功墓誌銘

乾道辛卯十一月上浣，軓喪彭君方燧以其猶子免解進士郁持狀扶服踵門泣告某曰先君主簿既葬敢請銘某流涕曰吾里故有燕許筆如僕不文請辭方燧重拜泣曰禮以親不得銘爲死其親況先君辱知最故銘莫如君宜敢固以請其言哀惻輙刪取其狀序而銘之維彭氏系出斟雉世居金陵其先有眞逸居士名忠南唐李主高其操兩以璽書招之不起遂隱於廬陵儒行鄉於君爲曾大父大父勝父再德皆有祖風君諱恪字邦憲天姿頴悟自幼軼群日誦數千言過眼不復覽年且長師大庾尉易皤時甫屬

文輙數千字時甫曰子駸駸逼人老夫不逮其别擇師乃從鄉先生鄧公子充學禮家多難館於鄰陳氏清節先生蕭公子荆亦客焉遂獲請益由是經史百氏無不該洽而獨以詩書名家建炎初罷三舍法復詩賦科君獨首啟關鍵一試輙中優等清節書曰吾友豈易量耶紹興甲子復行兼經法預鄉薦至癸酉復以詩賦舉凡較藝屢占選首於是講學於鄉弟子受業者益衆而於計偕者亦時有人越十四年丙戌廷試授右廸功郎主道州永明簿辛卯春被外臺命

決湘潭獄時邑長適出攝邑事未及行肺疽作一夕夢金章紫綬坐於庭旁有吏數十抱文書亘兩楹間決遣未終又數十黄衣趣行急呼方燧立床下曰予少明經意芥拾青紫蹉跌至是汗顔何言疇昔之夢其告之矣爾兄弟勉繼志無遺予九原羞遂瞑享年六十有八實七年二月二十四日也君儀容秀整進退規矩耻即邪辟喜愠不形是非不挂頰輔處已待人皆有條理字畫不俗每云漏雨畫沙皆古人玅處故雖訊子弟亦不作行草所蓄書多手自點勘一一

可觀居室湫隘安之廣廈如也所與遊悉閒人正士或徒步里巷俗子遥望丰采循墻避去未受命時以經訓諭爲職既筮仕講書郡庠遍舉先儒異同出新意以折衷聽者忘疲先是湖南北游學者多訪求其文以歸無不喜慰至羸糧執經北面有富室逋官租五年吏莫敢詰諭以理而宿租頓足咸頌君德化有獄三歲不得情談笑平反人服其明敏自是諸司有疑似必即謀明習政事若素宦然文不蹈襲而自出機杼平生敦契義謂睚眦仇不復可也一飯恩決不

可忘感故人厚於已訓其子至登名奉常又有知已早世而諸孤不臧援理和解遂兄弟如初然不以爲德與鄉薦也總領彭侯餞其行且曰兄家登科亡嗣音者弟素負學豈但取一班一級以爲族榮禮部侍郎周公保任出官亦曰夙蘊儒猷雅通吏道其爲時所敬如此平日論議有集三十卷日録十卷藏於家既沒門人私謚曰文行先生娶顔氏先六年卒男三人曰祐曰方燧曰祉早卒方燧嘗與偕計祉亦志於學女三人長適進士胡廷茂次適鄉貢進士曾維翰

次適進士任仰孫男四人允文允武允恭允成孫女二人尚幼方燧千里扶柩歸以九月壬申安厝於儒行鄉南塘原夫人之墓左蕭公諱楚鄧公諱詢美縡帳雲集某與家弟嘗學焉談邦憲不容口咸稱兩公知人銘曰

宦耶達耶翳其能貂何夥耶閫耶年耶繄其身亦豈罡耶夫皆絜楹君獨數奇非蹇㦖耶

季懷姪墓誌

乾道庚寅九月中浣姪孫柯抵書行在所曰柯不天
考一疾不起屬纊時八月二十三日也享四十有八
年曾祖拱辰學有根源屢中進士舉婆娑卯園以終
祖權有隱操父鈇以國學免解試禮部不中歸林泉
考幼孤能自植立志學攻苦逮壯與計偕聲震場屋
連不得志於春闈乃於廬陵之永和鎮築室榜曰時
中著書訓子號明儒方凡二十有五卷大概發明大
學之說又著易筌蹄一卷詩集二十卷周官類編五

卷春秋類例十五卷屬比五卷左氏類編十卷文集十五卷皆藏於家娶羅氏主簿孝逸先生之女男六人柯柲桶札棣榆女二人長適士人任日就次尚幼孫女一人以其年十二月丙午葬於吉水縣中鵠鄉龍塘之原考易簀之際意欲得老人書於石以託不腐老人幸哀其意而特書焉吾發書驚即其日爲位哭曰哀哉季懷痛哉季懷而止於斯耶復哭之以詩云四十餘年一夢寒平生篤學困瓢簞傷心一念烏驚哭灑淚數行風裛殘苦海要除根豈易甘泉欲去

本非難何時得請臨其穴緣斷三生指漫彈時秘書
少監直學士院周公子充來會哭曰吾亡友也能無
一言以寫予悲亦用我韵哭之云詞鋒激烈劍鋩寒
素藴輝光珠在簞萬里未行騏驥死百圖將半豫章
殘山中宰相今誰繼地下修文古亦難一讀名章三
太息淚流何待雍門彈是爲銘

胡澹庵先生文集　卷二八　六

南彦姪墓誌

吾寡兄弟視羣從兄弟猶同氣也有名雲字南彦者葢再從祖兄諱偁字幾先之子出繼其從父諱典賢字明道之後其祖諱方中有隱德其曾祖諱諒故仕將仕郎南彦娶同郡劉氏生男六人相極楫楹棣臬皆讀書女四人長適王牒師宗次適郭贇工部侍郎諱孝友之孫次潘娘早夭次順娘尚幼南彦享年五十以乾道己丑七月二十有三日終於家卜以庚寅某月日塟於施塘之原初隆興甲申吾被旨措置浙

西淮東海道賜白金十鎰或勸買田吾曰嘗聞王介甫得施金以施僧龜山先生非之曰賜果懷核況賜金乎以施僧非禮也今若以買田與棄賜果之核何異南彦時侍旁以爲然請以營室吾以詆和議竄嶺海垂三十年無室廬以奉先人念之熏心然勞費百出吾老矣不能辦此南彦奮然請執功曾不踰歲而輪焉奐焉不愆於素吾得俎豆屏攝以妥祖妣燕衎觴詠以聚宗族南彦之力爲多於時吾宗如諸王宫教授從周静江府司户祭軍長彦贛州興國丞忠彦

郡庠生世彥通守兄之幼子公彥太學免解進士升南郡庠經諭英彥郡庠生溫彥應庠新袁州州學教授季文季文之弟季章或詩或文以紀發焉之盛以道南彥董役之勤未易殫舉吾方任司平適郊天大禮事叢亦不暇不一書也予出使海道南彥借補上州文學蓋勇爵去是爲銘

胡澹庵先生文集　卷二十八

八

景範弟墓誌銘

景範其從父弟也從父諱翼字順之前室吉水解氏早亡繼室永新劉氏丞相楚公之孫生男一人端臨先卒又娶清江方氏天章閣待制之孫生男五人民瞻民表民極大亨民式端臨之字曰覺之民瞻之字曰秉鈞民表之字曰正色民極之字曰仲周大亨之字曰時舉民式景範也三舍行秉鈞中郡庠上舍庚戌秋正色與計偕皆早世紹興間郡縣學復振仲周時舉景範率諸子姪皆補入學景範三試屢占優等

往來凡二十餘年人見予族在學者衆笑謂潁水爲胡氏家塾久之景範遁跡林泉克己以孝義治家以儉約節衣菲食而生理日饒雖連阡跨陌畧無驕色賓祭務極豐潔平居無事樂與兄弟銜杯論文不少靳鄉黨親戚歲時燕集必盡歡非是則杜門隱几不荒於嬉人以方閉户先生歲或歉富室船粟他邦取倍稱息景範歎曰稷思天下有饑者由已饑之彼能是而我乃不能是多積奚爲於是出餘粟損直周鄉黨之急人免困瘠豪右以穀貸者一觳取二景範殺

三之一人不厭其取皆襁負而至其向善之心皆此類不幸感疾終於寢享年六十實癸巳三月二十九日也娶任氏男一人浩業儒已克幹蠱女六人長先卒次適進士陸藴次適鄉貢進士曾同文次亦先卒次許進士劉大猷次尚幼孫女一人浩卜以十月甲申葬於儒行鄉孤塘山之原以時舉狀泣謂予曰人皆以不得禄筆爲死其親矧辱在宗盟可無𥴉辭以轂後遂删取其狀叙而銘之銘曰

名不遂歸識有司命不考終咎將誰歸有子考無咎

抑又奚悲

從周弟墓誌銘

其從父弟鎬字從周皇曾祖諱璉皇祖諱愷俱膏肓泉石皇考諱汝明贈右宣教郎皇妣孺人任氏孺人羅氏從周少從師學兄弟同堂五人自爲朋友而從周與其齒最近親講説爲容靖康丙午某與國學薦從周亦偕計同試奉常某中龍飛榜從周不偶紹興乙丑始擢第授左廸功郎尉新淦縣奉命惟謹獄有死囚根柢牽連鞫歲餘寃不能白從周訊問情得力平反之一邑駭服他日囚賫賄謝更生不受令素貪

皆不遜不之校及終更部使者劾其過俾從周羈留之笑曰人謂我宿怨乃趣之行而以前出境爲解鄰林向公伯恭歎曰真長者循左從政郎靖州判官溪徭懷服恩信婉畫爲多秩滿調贛丞贛吉比隣知盜欲之習諭戢有方俗爲之變郡守任公盡言雅見器許會令闕俾攝領逾數月不擾而辦民曰於我有德郡憲黄公績賞其清強滯訟必我乎決初某狂瞽忤宰相從周落選二十年或諷少媚輿則曰若我可薦姑從之不可則已吾終不求某既脫冊圖丞相魏國

張公首薦從周於朝其畧云居家孝友涖官廉勤章
上改左宣教郎除諸王宫教授久之轉左奉議郎輦
轂三年非公事未嘗一至文昌臺樞密劉公嘉其静
退嘗曰朝廷當以中秘處之會出鎮鍾陵不果就除
棘寺主簿兼攝丞執法平恕挫犴以空聞有詔奬諭
遷左丞議郎賜五品服甫越歳力丐補外除荆湖南
路參議官從周久倦遊及門親交强之不獲已止與
猶子渙偕職閒清坐議古終日長沙地卑濕苦腫腿
顧謂渙生平世味薄矧今且疾求罷數四帥陳公尚

書季若色變曰其謂我不優賢乎既劉公復來重致懇劉公曰曩嘗欲薦弗克今幸同僚而輒聽其去人謂斯何則喟曰義雖以官養痾雖頃刻不可留疾竟不起實乾道九年九月丁未也享年七十從周性疎財會要嬴耗不入耳俸稍緣手盡喪不能舉劉公命纖悉調護乃克歸天資渾厚質直洞見誠實不事表暴容人過胸次廓然有餘地尤樂易愈即之而愈不厭居官若里人無一失歡者聞其没也皆失聲相弔自幼少一無子弟之過迄於壯老某處嶺海二十有

一年而還二老雪鬢秀眉日相從潔樽瀹茗謂當如昔人共享黄髮期之句從周忽焉長逝可悲也已娶陳氏繼娶劉氏皆封孺人子男五人汲濤泗沔澥皆習儒業汲前一年卒泗前十一年卒女二人長適鄉貢進士曾三益次未聘孫男三人棫栘栩悉嗜學女孫四人長許進士劉大方餘尚幼曾孫男一人熉曾孫女二人皆幼淳熙元年四月癸酉葬於吉水縣中鵠鄉白蓮塘之原初從周之官某罔罔若有失一日據繩床假寐忽夢從周來歸告某曰朱襄覺而識之

然不解其義既訃至以所夢語直院侍郎周公子充荅曰朱謂書丹褒謂銘也從周其以銘屬乎及是其適以幹至秣陵循子登仕郎潚廸功郎新静江府司户參軍昌齡以狀來速銘甚泣曰周公豈欺我哉遂叙而銘之銘曰

魏公斷斷不妄許人八字之褒華衮匪珎伐石勒銘我豈貌言山峩水沄白蓮在原

武岡軍太守羅公墓誌銘

公諱棐恭字欽若其先襄陽人也五世祖拯中景祐進士第攝從事廬陵因家焉曾太父曰宣故守秘書丞大父拱辰鏈迹民伍父蚪故贈右朝議大夫朝議府君以學問爲鄉先生疾革命公曰吾故家衣冠文物不墜惟汝公涕泣識之辛勤讀書至不頮不冠或曰何至是公曰客子敗人意彼見我頭如蓬葆當引去其勤如此既而歎曰里居不識其可以卒吾業乃徒步入賢閣後三年登進士第蓋建炎二年也授廸

功郎虔州司理參軍宣諭使李公宲命公鞫賊賊畐且黠挾故有以持有司莫能決至是復以錢二十萬遺公求脱公咲曰是復以他有司待我耶卒論殺者三十人移潭州司理參軍平反盗九人胥二人湘潭士鄧深者以事係獄公爲白其寃於帥侍郎謝公祖信且薦其能請釋之明年鄧君策第後爲達官時謂公知人紹興十二年陞秩左從政郎遷静江府荔浦縣令異時廣西轉運司歲符浦民以税高下輓粟五千石饟宜州公奏計曰荔浦柢州絶遠不通舟楫民

往焉則以賤粟得貴[illegible]至焉則以賤銀得貴粟惟財粟之轉運使即令輸者止詣縣至今民有去思碑龍圖閣學士張公宗元有薦牘一而求者十八人皆不與一日召公食即席授簡諉公草奏三篇食竟而章就張公歎敏而工乃與之牘未嘗求也十六年用薦者改秩左宣教郎知八州石城縣以重賞捕十年未獲之盜七十人減民稅之以經界增者塈前政主簿逄君之無歸者二十二年授左承議郎道州僉幕明年賜命服左魚至道州朝旨命鞫邵州民張巨駟獄

初巨駟等以仇家誣告與賊通獄吏楊錫得賂力主仇家太守之子弟與知之遂起大獄連坐者三百餘人疾而死者六七十人繫而死者二十八人没入貲産者十八家公具得其實楊錫不得隱即首服公正其罪而返二十八人之繫而流者還十八家之没入者寃民得直皆畫公像祀焉提刑藴公籍歎曰邵守方位於朝公不疚於禍仁者之勇哉二十九年授左朝散郎通判贛州贛本虔州至是改焉贛俗貧民生女則殺之公乃以頃在石城所作殺女戒下之邑善

諭而嚴禁之活者無數贛之廩人給兵糧率以公量入以私量出兵人口語籍籍公窮治其狀太守不樂陰代公即奏請祠於朝命既下或勸公自辯公曰祠禄吾願也公在贛也題輿得職人以方灑憤故事彼有慚色隆興初從列有力薦公於上者上雅聞公名授左朝奉大夫知武岡軍公以老病懇請奉祀乾道戊子三月授左朝散大夫四月得祠禄而疾作矣是月庚申坐而逝初室彭氏太常博士齊之孫女繼室喬氏貴妃之族女趙氏濮安懿王之孫皆贈宜人三

男齊賢尚賢世賢世賢彭出也皆能傳業齊賢補將仕郎尚賢以公致仕補官世賢名佳進士三女長嫁李叔浩次陳叔虎其季許嫁費洽男孫二人尚幼其孤以乾道五年十有一月庚申卜塟公於吉水縣仁壽鄉太平里東郭山以左宣教郎新差知隆興府奉新縣楊萬里狀走行在乞銘於某其大畧云公之學邃於名數字書故其文長於序事其碑板之作尤崛奇間出瘦辭難語切響奇字讀吾皆駴或問是出何書公即呼其子曰取某插架某書某卷第幾簡其強記

雖昔簡節陵栢寢器不過也又云萬里嘗歎今代備顧問者惟公可而止於斯可哀也公有詩文三十卷號不欺先生集又增廣左氏指蹤春秋會盟圖二書歐陽文忠公年譜并序又有辯謗一卷里中後輩從公受業者多登第如羅君上行郭君有憑其選也某與公幼同泮水長同上庠又爲同年生知公深矣銘公則莫如某矧廷秀請之力廷秀萬里字也某在海上時公移書云邦衡此行前無古人後無來者某得書太息流涕者久之方權臣當國飛鳥不敢問公獨

惓惓如此所言不畏强禦惟公有焉嗚呼其尚忍言耶輒刪取其狀敘而銘之銘曰

嗚呼武岡誰不絜楹以容公戛戛兮箝默以爲能公獨介兮羞彼突梯玉析竹裂兮忠以爲信郛莫克侵軼兮辭寵而就祠得勇決兮直羸近禹麾一何傑兮揉剞劂而不試古所噎兮鋟石塴辭婉孌者之怛兮

蕭君端偉墓誌銘

府君諱正奇字端偉姓蕭氏吉州廬陵人曾太父松大父傑敏學有才皆戢不肆父溥天資樸厚博極羣書善屬文未冠登名天府三舍法行以明詩賦充辟雍繼習戴氏禮名益彰國子先生才之會天子命妙簡諸生粹於學問者俾以經訓諭諸王遂膺其選凡十試禮闈雖再中的而以較定不溢格奉常竟不寘以第宜和甲辰春始於特奏名選辰州士曹椽遇大比復爲漕臺舉首又見[illegible]於宗伯遷蘄州推官以卒

時宰相朱公勝非帥江西嘗謁以詩有三入王宮十趨蘭省之句朱公歎賞母夫人鄧氏柔嘉淑明娘德娘賢遂生府君府君天性純孝未成童喪母柴毀若成人齒方志學推官公又捐館時同氣俱幼褓無長貲生理戞戞感激欲自奮植功名以見世即磨厲六藝百家口吟手披不置稍長愈攻苦偕弟正章正立懋營雪𤸃示以矩護二弟學種文績惟謹日有聲儕輩而府君之譽益藹然時槀筆試郡庠章鈎句棘每占上游郡博士偉其文命講説以諭後學談道有本

衿珮宗之薦紳子弟屨滿户外紹興癸酉科詔賔賢主司賞其詞章婉切揭名異等人謂行且肆矣竟齟齬而歸壬午再薦亦不偶還里館名儒模範子姪須臾弗措夜則焚膏繙書以示督勵故蘭玉皆秀拔乾道辛卯其子景嵩掇鄉老書府君亦免解偕試春闈士艷其榮塲屋既頻不得志則喟曰學本爲道初不爲拾芥計盍益專所聞以入聖賢域其期向高遠皆此類府君既早孤叔母鄧氏母夫人同胞姊也義而慈拊府君昆季猶已出府君亦盡孝敬定省之禮滑

濙之養閱歲雖久不懈比其終也率二弟服喪三年哭泣之哀齊斬之情烝嘗追遠無一不用其至知禮者韙之有從妹已適人未幾罹病言旋托府君爲命館之終老無斁屢歎仲弟正章食指幾百而府君孥合三百餘指削衣貶食同仁均養初終若一人無間言正章不以憂衣食亂其心得盡力學迨紹興丙子亦與計偕鄉里義之府君眉宇環秀器局宏深議論精粹有蘊藉雖犯不校厥德有常處事無纖毫過差與人語恐傷之馭臧獲亦然斂手足之重悉難相應

如雝渠之飛鳴相輝如華萼視薄俗火攻墻閱者相去奚啻九牛毛人以緩急叩門周旋不間戚疏不以貧爲解不以存亡爲辭與人交濶略細故號耐久朋名人魁士鮮不與之善晚得林園之勝檻卉沼蓮蒔松藝竹築室其間擬以叢桂題其堂如晉國王手植三槐之意然東坡先生記三槐堂以爲仁者必有後府君履仁蹈義葢亦無愧而有銜不袪天之報施或在其子孫乎娶裴氏贈尚書兼中書令吴國公濟四世孫武功大夫汝能之女德充於容行踐於言前月

餘卒亡幾何府君亦感疾疾革進二子諗之曰吾不天少遭閔凶力學覬立門户而卒無以表世爾其修身謹行以孝友信慤勉卒爾業毋改吾志越翌日乃瞑時乾道壬辰九月庚辰也享年五十有四子男四人伯景瑀美秀而文仲景嵩貢禮部叔景衡季未名女八人壻曰吳明可胡澳王揚烈皆登進士餘未字厥孤卜以淳熙甲午十二月庚申葬府君於吉水縣中鵠鄉葛山之彭塘塋裴夫人於蛟塘之原距府君墓一里澳其猶子也與景瑀以友人葛君潨狀踵門

扶服乞銘某昔嘗奉推官公左右又與府君有瓜葛知其行實爲詳翊葛君言有物以予有知者考其未知者信不予欺是宜銘銘曰
材之難生之難養之難成之又難苟不絜需而泥於兹

卷二十八畢

胡澹庵先生文集卷二十九

宜川後學符乘龍斯萬　校閲

宋廬陵胡銓著

鍾蘭映奎　紹虞賡文

嗣孫

澐龍纂　廷棟騎屋

定靜園　近仁元長　編輯

逢盛亮釆　僉訂

值夏道院
永陽院背

墓誌

監簿敷文王公墓誌銘

乾道八年歲在壬辰三月巳丑瀘溪先生王公卒公

諱庭珪字民瞻其先太原人八世祖該厭唐末亂從居廬陵郡西六十里曰河山爲善好施號長者順義元年或見物若龍出於所居旁田間有僧求其處爲寺欣然從之保太中所謂龍者復見遂名寺曰龍田今金地寺也僧告長者自此行百里許遇三白即止後當繁衍有以文名者如其言至邑之北白蓮嶺遇白馬一問其地名曰大白茆遂家焉曾祖著祖祥父奭皆業儒以氣節聞於鄉里元祐戊辰皇考復徙居邑南公生時大父夢赤文亘天寤而公生乃喟然曰

僧言其告之矣公爲兒時凛然有立年十二三潛心大業寒暑不擁爐揮箑既冠通經史百家崇寧癸未三舍法行公一試即爲選首爲郡學講書聽者環堵時何公損以對策訐直竄廬陵故工部侍郎郭公孝友受業焉一日聽公講歸以所聞語損損驚異明年貢辟雍時錮史學及元祐學莫敢犯者公獨與其友劉公才邵口不絕吟劉公後爲常伯德公不忘丁父憂毀瘠如禮撫弟姪人無間言邑榜其里曰清節亡幾何親塋産瑞芝木連理識者以爲孝友之祥大觀

間提舉事張公根以公應八行詔公曰此士之常彼以爵位釣吾志耶不就正和戊午登進士第調衡州茶陵縣丞民俗樸陋擇秀民寘之學士咸被服其化三年間應書者增至數百人猾胥文雅者勢傾一邑交結諸監司爲囊橐累政不能去公把其宿負白於郡縣之合郡稱快至今六十年猶德之湖南田稅不均茶陵猶甚富者田多稅寡以規役公語令凡執役者邑毋得秋毫擾使者安於其鄉民既不病役田復元賦莫敢欺之由是産與稅侔役不煩矣他郡之民

人或以事訴於監司願得公決者相踵丞舊兼造船
場憲臺初與薦削之久而欲役船工造家具公不可
即却其薦憲臺怒甚又適守倅不相能拂衣去湖南
帥曾公孝序力挽留且欲薦之朝不屑左司倪公濤
方員外致書願交復責當途不能容一賢者諸司大
愧濤蒞政和間名士也宣和末公見禍根已萌葺草
堂退居瀘溪之上時年未四十棄官却掃教授鄉里
執經登堂者肩摩人不稱其官曰瀘溪先生紹興初
郡賊工役修城時武吏黄衡攝邑公謂衡城初堅而

勞疲敝之民衡白太守守大怒欲械繫衡公曰若能不愛一官以息民力不亦善乎衡即棄去太守愧服寢役趙丞相帥江西薦衡欲歸功於公固辭乃止初江西盗猖獗公著論二篇言招安之害李丞相帥隆興欲行其言會罷去後帥參政張公守遂以遺逸薦公先是劉公大中李公宲相繼宣諭各遣其屬訪以時政民瘼公極言以對二公服膺公居草堂未嘗入州府右史王公洋出守廬陵遣官賫書幣至山中招且虚其堂諏以政事繼率其僚屬延請學宫升堂講

道使諸生有所矜式一時士大夫哦詩紀其盛自是郡數以禮請不出公雖在畎畆懷憂世心紹興戊午某以狂瞽忤時相壬戌秋謫嶺表士皆結舌公獨作詩送某行有癡兒不了官中事男子要爲天下奇之句詔江西帥沈昭遠鞫治以聞除名竄夜郎公至貶所人迎勞以先睹爲快執經躡門者屨滿時中州刺史馬羽攝守日夕就見尊以師禮公謂羽曰公方爲時用而加禮罪人恐與時左羽曰某聞先生之名舊矣若以此獲罪有榮耀焉且遣其子從學遂登進士

第公自夜郎歸年紀八十讀書觀蠅頭字率夜分始就枕上即位之初召對極言時政詔云粹然耆儒凛有直節頃以言語文字牴牾權臣流落排根殆踰二紀召對便殿敷奏詳剴改左承奉郎除國子監主簿論事與時相不合乞去主管台州崇道觀令所在州常加存問乾道庚寅再被召固辭免詔郡將給輿檝趣遣仍具引道日申中台明冬始到闕引對免拜賜坐問勞令少留公以老乞還詔云王某年九十餘而智識未衰行義益固賜對便坐嘗有嘉言除直敷文

閣領祠仍賜香茗繒綵士羨其榮公少從鄉先生學易晚益悟於言意之表漢上先生朱公震薌林居士何公子諲過公草堂講論經旨嘗至夜漏盡皆歎服文定胡公安國過公家亦歎且云公有經濟大畧文章特其餘事耳爲作易解序引公未嘗輕示人欲獻之公卑會獄興郡守郭東集合議逮公獄椽汪君涓曰王君剛介勇於義若幅紙招之必來守變色曰彼得罪大臣可善待之乎請部卒會巡尉捕卒待之守首肯户椽遂行至則排闥突入公談笑就逮公之書

緘鐍頗固衆卒疑奇貨挈以去公喟曰此吾書之厄遂不復傳公土木形骸儼然有不可犯之色雖市井無賴子見公亦莫不斂衽人無賢愚貴賤一待以誠雖三尺之童亦牖廸欵欵必盡聞人善若已出有爲不善者或告之曰吾以語瀘溪先生矣其人必慚汗悔過公學極高明尤工詩書有楷法自成一家平生治心養氣翛然有高舉意年幾百齒髮視聽不衰溘然而逝享年少衞武公之二娶同邑劉伯玉女先卒男一人頔能稱其家女一人嫁將仕郎彭飛孫男二

人詹澹皆志學孫女二人有瀘溪集五十卷易觧二十卷六經講義十卷論語講義五卷語録五卷雜志五卷滄海遺珠二卷方外書十卷校字一卷鳳停山叢録一卷將以九年某月某日塟於安福縣清化鄉連嶺吟峯之下烏石岩其孤頔扶服乞銘殊專某曰禮部侍郎周公狀自足傳信不朽安用糞土之言頔請益度叙而銘之初隆興甲申某脩員侍讀於榻前論人物及公云王某雖老宰相才也葢用狄梁公薦張柬之語上不以爲過遠庚寅冬某應詔舉詩人再

以公爲舉首且奏云周必大深知其人必大端人也上雅記前語肯首久之然上之知公深矣倘未死其功用殆不可量嗚呼惜哉銘曰

才大而剛志直以方百世之豪鋤強扶弱蒐獮民瘼小試牛刀舉比當路獖其勢距雪虐風饕禮經墓式封止四尺德與山高

興國軍太守向朝散墓誌銘

公諱澹字伯海姓向氏世爲開封人丞相文簡公五世孫曾祖繪故任右贊善大夫贈正奉大夫妣碩人曹氏祖宗明故任武德大夫提點江南東路刑獄公事贈開府儀同三司妣永國夫人李氏考子諲故任徽猷閣直學士右中大夫致仕贈少師妣衛國夫人范氏靖康之冬金虜復寇汴都詔監郡守勤王少師時爲大漕糾合諸道兵入援俄二帝北狩少師遣公請於大元帥秉勤王師以赴北轅之難轉側兵間建

炎改元録公之勞授初等官江西諸司交辟爲屬改秩選爲長沙幕府久之通判蘄州未赴改通判平江府以母老丐祠得請尋差知興國軍近制郡守之官必先奏事公對便殿以求賢儲才爲今日先務乞嚴薦舉法且以諸郡上供州用不均爲病謂如江西四郡贛歲入米十三萬斛而上供纔三萬袁歲入米十一萬而上供纔五萬則上供數少而州用數多臨江歲入十二萬而止留一萬筠歲入八萬六千而留止數之叻則上供數多而州用數少他路當亦類此乞

詔有司將逐路州軍歲入多少以七分充上供三分分給州用如是則二者適中不至巧取耗賸重困民力上可之下車之初布德意求民瘼省刑罰息追擾謹出納節浮費抑強扶弱御吏嚴而不殘至於簿領細故亦親程之曰害端實在此蓋深得謀始在於作制之義折帛錢比本色倍蓰積弊之久悉歛於下户而豪右以賄免乃令一概均輸下無幸民酒榷歲額不登即科民户沽賣逋負新故相因監涸束濕至破産首命罷之仍乞改新額大觀以來蘄黄歲市絹於

興國以充軍衣後罹兵火乃已紹興乙卯户部復下其數名曰淮衣雖云和買實不支一錢廹令隨上供起發公曰興國賦絹以疋計者四千五百二十四和買八千三百五十三又敷淮衣六千三百八十三合萬八千二百八十正稅外頓增四之三民安得不以聞於上民曹嗇於裁減懇請至三猶不已人惟時歲歉興國獨甚乃括田畮蠲其賦以所蠲揭之給長引予里正俾人户親署故奸欺不入諭巨室發廩籍餓者人予之曆而部分焉周

郭爲若干塲塲隸一官糴者署曆糶者署籍互爲之防甸有鈞稽之法鄉眂郭内部分亦如之而覈以豪民若羸老則食以常平之粟他郡流移則食穀境上損直以售有入境者預飭佛老之宇爲寢食地至者如歸遺棄赤子則令流民字之官疇其肆至貸種糧廣藝二麥通商惠賈去戒弛力舍禁已責且丐於朝寬末納折帛錢凡古拯饑十有二品雖條目若繁而纖悉畢舉下受實惠蓋素有以信服於人故吏不敢苟時發運司復大冶錢監工費浩穰率仰興國公帑

曰連年饑饉救死扶傷不贍奚暇及此無寧獲譴不敢負國竟坐課殿朘官一等繼以勸分功霑賞初無喜慍然盡瘁一方以病告矣屢丐祠不許諸司猶謂蕞爾畾未究其才爭議薦忽疾革終於郡齋屬纊之際了然賓閏月九日也享年六十有八累官至右朝散郎公明敏強濟樂於事功少師退休於臨江之鄰林幾十五年禁無以家事關我公虔恭子職故少師翛然有以自老少師雖休致不絕俸時於郡庠欲創閣庋經史未就而捐館公卒成先志凡孤寠者於我

平給死則爲之棺㴁俚俗死率焚之而投骸於水公作義塚以瘞之公閑日雖久而澤物之心不怠民之病利罔不周知晚得一麾謂可行志而止於斯惜哉初娶范氏繼室叚氏胡氏皆早卒男二人長士虎右廸功郎監潭州南岳廟次士凱將仕郎皆好學女二人長適右廸功郎新廣州番禺縣尉韓𩩲次適右廸功郎宜州忻城縣尉宋文淵孫男六人公望公閎公适公宜公美振孫巖然有立將以九年四月之吉瘞於清江縣建安鄉龍會之原其孤不遠數百里以狀

來請銘而其弟伯原書來且曰仲氏立身行已無玷遂删取其狀叙而銘之銘曰

河濟之清玷若秋毫郴子太息爲水之饕玉䇶爛然而或玭缺爲文之病論發往哲猗與伯海立身行已泯彼僧緇何以無愧鑱石堋辟于蒸嵞舁冉兮共潵

陳君世望墓誌銘

府君諱雲字世望姓陳氏世爲吉之吉水人曾太父宁忠太父玠父安民皆鏟彩卭樊所居鄉名折桂凡數十百家溪山清曠可樂自國初以來未有登名於天府者府君嘗曰吾縱不能如歐陽生化閭俗獨不能化一鄉乎即取毛鄭詩日夜業業遂博涉羣書且語兒輩古之學者不但章句而已行必顧言乃可故尤切切於管遾雖渠之義宗族或單寠不能婚嫁者我乎給有喪不能舉者賙其淵迻塴至虞廑捐瘠揜

骪如蜡人所云者富歲謹儲蓄歉則貸豐則収人樂庚如古牛車之約或久負則折券無遠邇咸稱長者有子曰夔材曰侯裔天資競爽始就傳已能肄胥雅之三府君喜謂造物不辜吾志乃不復蹈塲屋館名儒以爲子師閒遣游宦四方計一歲經費之叻悉資束脩至典衣市書以遺之其子得一意揣摩夔材三與計偕嘗擢詞賦第一中乾道丙戌進士第侯裔亦兩試奉常長於經賦家占一門三秀之二士艷其榮慕而效者絃歌翕如也其鄉今文物彬彬然府君贶

歲築亭疏沼環蒔卉木日觴客窮物外勝夢材尉湘潭也奉親以行數月府君懷舊隱亟還夢材俄亦解組歸養久之謂夢材若等強而仕吾欲隱趣非背馳各行其志夢材不得已復趨選侯裔亦赴禮闈方冀及親之慶而府君没矣善類咸以府君積厚報嗇爲惜享年六十有八實八年六月十一日也娶曾氏有淑德子男二人夢材侯裔也夢材左廸功郎新贛州寧都縣主簿女五人長適進士謝文振前卒餘在室孫男五人淵濤浩浩洵皆嗜學是年十有二月丙午

瘞於鄉之東林院東偏高峯之下以同年生秘書省著作佐郎蕭侯國梁狀來乞銘某頃爲起部時夢材適在部與之語察其所安欲舉以應薦士詔而夢材不屑也以是知府君有子可銘也矧著作請之力乎遂叙而銘之銘曰

茨宦窔兮弗曁尚其後之毗禱騂緹兮不穡庶其昆之食伐石壟辭以穀來哲

靖州太守李承議墓誌銘

江西李氏葢出隴西趙郡隴西自漢騎都尉裔孫去匈奴入魏見於丙殿賜氏曰丙至唐有名粲者以避世祖名賜姓李焉公諱發字秀實世爲吉水人曾太父宗應大父復秘迹田野父汝明累贈朝散大夫母彭氏累贈宜人乾道辛卯公以右承議郎仕淳熙甲午正月既望以疾卒於家享年八十有一公初娶鄧守潘公女繼娶待制張公妹皆贈安人再室莫氏亦先卒子男六人千里千秋千頃千得千言皆殤惟一

存者千乘公守沆時遇登極恩授右廸功郎調柳州柳城縣主簿官滿擬融州司法參軍以是年十二月某日塟公於臨江軍新淦縣揚名鄉蛟嶺先大夫之塋側以公猶子從政郎新靖州州學教授誦狀來請銘某時寓秣陵相距數千里而乘不以遠爲難具見誠孝矧誦文典事核其又奚辭銘曰

維公皇考種學待聘數奇不偶教子以逞公偕伯季分陰是競礿五世祖葬赤石潭卜曰百年方伯是參一夕皇考夢至潭側若有告者連云發發逮公之生

爰以夒名自幼儆悟下筆老成年甫十四補入庠廩
校藝搉然屢轢優等尤邃經詩宿學推稱偕計京師
偶不中程來遊東絿厥聞四馳虀鹽十稔紛華不窺
戎羯猾夏遂還故里時方分鎮諸將開府交辟豪英
白盍綵紝乃趨蘷襄落落不遲曰何必徑自有正路
以特奏名授初品員參軍司理于桃之源推恩限年
五十服官國學連舉特先十年特簿之初纔及强仕
囬視蘷襄真若泥滓既於湖北爲郡之大獄訟紛紛
懟或詒蠏獨平其心不但笞箠淑問得情無一瘐死

軺傳以聞降詔褒美循修職郎攝令黃陂復宰零陵如黃陂時零陵田稅如彼疵贅壞在西隣東里寓稅厥邑殖產旁邑詭避賦役失實漫不可考故凡追科常殿仙一宰公至梏吏俾之自列復鐫豪民令盡曲折掩於倉卒弗獲闕通懼不相應情得計窮不煩械繫各以實吐得改正田畝三萬畝歲賴有羨及以最稱闕陛從政令郴永興加嚴零陵強梗脅息頫籀牛刀小試已職以京削薦員至二十改宣教郎宰贛興國未幾去官太夫人憂服闋以 選通守橫州自橫攝賓

一圻是寄時太史言東方有彗一人懼災避殿損膳監司守臣詔陳利便疏廣西民掠良家子鬻西南夷以易翠羽十翠一人殺以祭鬼歲數千人無罪就死天子惻然焚羽通衢亟詔廣西嚴掠民誅鄭減鷸冠蓋萃羣翠楚靈復陶亦俊翠被户多輸一見昌黎詩徵公室源人命如鷄以横鈌守還攝郡事越明年春詔移守貴横貴壤接擊柝相聞兩邦之民比屋蒙仁以疾乞祠領崇道觀香火餘閑終日書案時方遣使充書狀官增秩一階慰易水寒擢守臨沅政本閭閻

所居民化去思亡戰隆興甲申作狀渠陽力求民瘼穌枯弱強惟靖暨沅斗入五溪蠻胥錯峙蠭屯蠹蹊撫馭非材或失其理則機毒矢以待將吏撞搪呼號如唐人言不可爬梳怒則獸然公諳夷俗習知邊事鎮以不擾如古循吏雖小捍格不究切之或宴其酋示以恩威絕域咸知聖朝寬政不相漁劫稽首面内復崇顏水風厲諸生化行殊俗椎髻獵纓初罷渠陽郡上於部爵齒小差吏牘牴牾考工以聞鐫秩還政如奪駢邑沒齒無怨銓貳冬官被旨薦賢以公應詔

嘖有煩言其既斥免待放田畝公曰昔人拔十失五如曲江張亦坐謬舉我乃累公愧汗如雨其復薦公曰鄉先生五爲郡將當途交稱年踰七十强明練達新進少年有所弗及望賜敷奏特命視事稍加湔濯不失能吏竟寢不報然非公志公性孝友不愧於天母太夫人壽考百年身率婦稺日奉甘脆腰輿所至肴核畢備母性惡酒勺飲不能亦爲持杯悅公順承既喪過毁柴瘠骨立復常逾年弗忍造關事兄猶父相依爲命晚歲益堅服食必並其季早世教養其孤

至於成室已子弗殊族大多窶計口周給歲數百鬴慮無德色其子至今尚守家法公起恩科至二千石歷官凡九皆號稱職晚節蹇嵯初不戚戚築墅退休曰佚老亭竹裏花邊曼睩咲迎公曰尤物詎可留意賓主相歡盍以道義俗子妄見謂不行道彼豈知公所養益到不然安能康强壽考吾爲銘詩式穀眛陋

承議王公墓誌銘

紹興丙辰六月辛亥，右承議郎前廣南東西路提舉茶鹽司幹辦公事王公以疾卒於家。越三月，其孤少炳奔走來告，卜以十一月乙酉奉窆於廬陵縣儒行鄉清塔山之原，且以從父兄有開狀來乞銘於某，曰：「此治命也。」予惟予伯氏、仲氏昔從公學，後皆中進士第，某雖晚出，嘗辱公過從，國士遇我，士固感知己，況其孤速之堅乎？則叙而爲銘。公諱廷老，字世臣，銘曰王氏中振瑯琊臨沂六世祖朴東平焉依有息來南完亭如歸曾大父邈諱尭大父再世不偶而德則富九人几疇贈八品官母蕭修封亦貴九原公當告乎尚弗克學兄舉進士痛自振濯隨時披覽夜誦達朝邑有許氏書千牛腰盡借以觀若涉海廣或撫輿篇了辯如響臨平薛公六藉長雄獨謂公文過西漢風北郡書生重繭北面後多明經踵躡受遺事不可矶六淹春卿政和壬辰乃特奏名俛得一命文學東武官閱九遷獲殁牖下厥初諸仕來賓是宰奉常王昇

謂習儀采舉以應制召官曲臺講聚闕遺九閣大開修夏祭書復討鹵簿俄充編修九域志所始安地曠二十六州武侯流馬公實坐籌憬彼南陛官多賄攝曹右膏梁畏我面折宣和四祀進築隆兇子來成域人以永賴由方伯奏偃藩右藤壘曹陳軫鶩没萬繩舉子李生醉殺陶户獄逮連年一語開悟幕畫二廣邸閣斥盈鱷水地山雷化新恩使者憚行奮然請代衆爲公危我獨不害年七十五康強怡愉白盍起家象服左魚配張氏女同生偕老皓首成喪涕泗行道

胡濬庵先生文集　卷二十

公子四男元圭東美其三南強皆以鮮死幼則少炳潘匪之黨蓋三女子前各長徃呂仔胡著叚氏令問且學且耕亶惟諸債顯德三禮衮衣暨裳左右會絺合十二章毳冕虎蜼不施宗彝攷古則乖聶承鄭非遂箴膏肓引經據援書成來上十有五卷春秋應禮五十七條於榷新長孰為宜褒他文歌詩其卷六十藏家未施待後有立公姿遺直表順中堅坐是不容如窶數然有來貧求河江傾瀉稗官齊諧娓娓炙輠八十抄書沈隱方駕長松偃蹇雪虐風饕將萬里行

發輒則膠由我者吾不我者天不諧其渙有衛不祛
宅厥幽墟以昌其孤

河源縣令崔從政墓誌銘

紹興戊午某備數春官同僚周執羔袠卿得出房賦卷喜語予曰僕選雋得人矣既唱第則新興崔若礪公治也嘗恨不識其人亡幾何其以狂瞽言北虜不宜講信孫廟堂大議得罪上不忍誅流新興道英州公治時尉眞陽一見如舊予既抵新而公治亦官滿來歸朝夕過從論文漱醪未嘗不極歡而罷也則又遣其季若舟若雨從予授春秋易而公治與其友彭元永陳介卿彭元合亦徜徉其間時漳人陳元忠景

衛客番禺佳士也聞公治兄弟志學而新之士皆向化於是浮海輕千里願交一時稱盛已而公治爲惠之河源令而予自新興來遷吉陽别去不相聞者久之一日海賈萬里持景衞書來島上問予安否且曰公治如行所改秩命且下以疾卒其云爲澹庵所知也敢請銘其哭曰予失良友尚恐銘耶粤明年景衞書速銘益勤遂叙其始末而銘之君幼克嶷長讀書功力兼人不圮其先世業事親以孝聞逮壯詞藻學守行乎南表國朝三歲大比合二廣登第者纔數人

新淦曠古無達者自君始破荒士艷其榮在官洗手奉職所居民化河源蕞爾邑民罷吏桀黠而君束濕馭下子惠氓獠萎枯以膏奉上不阿而不悅者媒孽其短坐奪法若干條君曰與受垢死毋寧直之表卿適爲三銓亞卿君止求一縣自試曰此家常飯識者稱其介卒以己巳年十一月初四日享年四十有三若舟之錢塘以其喪歸瘞歸化縣湧水源君經學有根柢工詩文嘗挽予兄邦先云通昔笑談成昨夢百年忠孝忽豐碑又云要使閭閻皆尚德敢忘畎畝亦

尊王長短句云愁殢有兵樽老怕能言李其思致多類此予詩哭之曰聲名世上無知爾文物嶺南難若人益賓錄也曾祖諱鷃不仕祖諱惟肖廣州懷集縣主簿父諱納誨封州開建縣令母區氏娶梁氏無子女一人年十三君兄弟三人若舟若雨皆進士試禮部惟一妹母夫人擇所宜歸曰必嫁官人君因以妻景衛比婚行古鴈奠同牢禮不舉樂以矯俗廣之三揖趨之既景衛偕計有塲屋聲衆始服公知人故景衛亦爲之畫然銘曰

轂朱丹兮瘁其身高疾踣兮位不配德兮後則光卑受盈兮彼不惕其高君獨危其卑不謂賢哉不謂賢哉

胡澹庵先生文集卷二十

監察御史蕭公墓誌銘

崇寧間大臣有疑故宰相章氏家私鑄者獄姑蘓遠數十百族繫更冬不决死者塡狴户大觀改元制改監察御史服往正於理引對便坐戒以勿撓公拜手受訓陛辭或風以用事者意旨遠且及禍作而言曰阿宰相富貴可指取吾獨忍盲予心當是時人情危駭重足一迹往往咎繇爲吏不得盡其直公至一日得寃狀以聞既獄以情而得章氏幸不死流海上公坐鞫案故出罪除名竄遠惡公咲曰緣此譴斥死且

不朽故公没至今凡許時猶凛然有生氣嗚呼豈不眞能有守大丈夫哉公姓蕭氏字昭甫故長沙人上世遭五季亂家廬陵曾大夫良輔贈尚書工部員外郎大父定基故任侍御史贈刑部侍郎考汝爽故任通直郎致仕公始冠入太學凡六年聲振一時中元豐五年進士第主越州山陰簿移舒州望江公改宣義郎知筠州高安縣久之覃恩賜五品服知康州未行充燕越楚昭成四宫教授就差擬發江西歲貢累遷承議郎提舉淮南西路常平等事召爲將作少監

赴闕下以使事對極諫巧言讒説之害是時人方以言爲諦公發其端天子大感悟即日拜監察御史謇然有直聲台僚常鈌不補自是三院而上凡十人皆備奉詔作崇寧備官記碑於臺以紀得人之盛被放踰年自促又二年召還復籍參軍開封府户曹再閲月除吏部副郎六曹歲鈎校三人爲上等公居高第會北使正旦來賀以少奉常館伴至磁移疾請老疾已朝廷復以郎起公公以通直君春秋高力外以便養遂刺蘄州頃之貶秩爲宣德郎公典選也曹吏或

過差不寃切之及是當國者尚銜前敢興已發公見知故縱故貶秩年五十有六政和四年二月甲子以其官終其年十月己酉擇取葬於郡之吉水縣石牛潭之原娶何氏贈蓬萊縣君再娶王氏封孺人四男子宏宥宇寅皆力學女一嫁陳氏婿曰達行鄉貢進士公葬時墓不敢碑上即位詔追録他日以忠獲罪者其孤泣曰先君齎恨九京三十年矣今可以逞紹興戊午以門人左中大夫辛炳狀走行在謁予乞銘其辭不獲則删取其辭俾刻之銘曰

執法之官權重主相咎繇亭刑𠑽無以枉屬夫撓權於世蹇産咸宣阿洪殺主父偃允義蕭公國之司直淑問不猗寧我竄殛姑成吾所得仁捐軀篆此銘詩以愧非夫

胡澹庵先生文集
卷二十
十三

清節先生墓誌銘

江左有隱君子曰蕭子荆諱楚號三顧隱客父仲舒死以甥從羅公括學攻苦二十年不汲汲仕意紹聖間以母夫人命預螺川賢書不中禮部程留太學時方校聲律已獨窮經於春秋尤深淮海孫氏伊川程氏皆以三傳聞授業者常千人先生往質疑歸嘆曰政未免著文字相作經辯衆高之謂是將名家乃更北面會母老且蔡氏方君圖遂慨然引還入林下移其從游馮澥書謂蔡氏敗國將宋王莽誓不復仕澥

得之驚今始證其不狂嘗游巴峽甌粤氣愈豪放其寓於詩文者鉤章棘句反閑澹清古然種種識切不苟作自漢唐迄今家春秋者且千㬇癖於傳而先生斷以經弟子百餘人傳春秋六藝者財三四如賢良方正趙旸與澥其人也澥尤骨硬名天下初王氏出新學黁麟書士媚進無大畧靖康改元澥驟見任亟與丞相吳公敏白上詔可之復置學官議葢先生出晚以其餘授銓幾十稔偶登甲第爲春秋第一歸拜牀下先生曰學者非但拾一第止耳身可殺學不可

辱無禍吾春秋乃佳異時有友坐誣繫大庾獄先生
冒盛暑徃救終得不寃人皆道其義先生性嫉惡至
抗聲縷數不少恤及見善則談不釋口暮年依明德
江陳公及與先君伯仲爲方外友以累免應得官不
屑就大臣約薦之朝度不可强亦巳建炎四年十月
二十四日以疾卒清風滿床文字横斜而已享年六
十七卜十一月庚申塟於永樂鄉赤岡之原門人哀
臨且挽因以清節易先生名嗚呼士窮見節義不幸
不生孔子前與叔盻同卒可歎也初先生壯未有室

或以無後爲勸先生曰咄舜雖聖不能掩父之惡顏孟無嗣而祭典百世益肅若司馬遷班孟堅楊雄輩豈以有後故顯耶卒不娶先生前不諱日謂所親江君預凶事曰銓以吾銘僕敢以不佞辭遂泣銘曰

繄古立言不以子傳過者肅之將千萬年

卷二十九畢

胡澹庵先生文集卷三十

宜川後學衎秉龍斯萬　校閱

宋廬陵胡銓著

鍾蘭映奎　紹虞賡文

嗣孫

澐龍篆　廷棟騎屋

定靜園　近仁元長　編輯

逢盛亮采　值夏道院永陽院背　仝訂

墓誌

十九叔墓誌銘　假徽猷閣待制知吉州李正民名銜

廬陵號天下士區言著姓者實與胡氏君諱登臣字

□平長厚人也曾祖湜祖副名隱君子父諒任將仕□自上世皆累仁積善勤儉保家君幼警敏書經目誦弱冠從諸兄遊賢關講學祭酒皆賢之親且老歸覲未幾筱游宦鍾陵時著作劉公弇官尚席門□高獨從洪氏弟兄君後至大見獎許遂與齊名然數奇年三十七方舉進士偶遘疾又連丁怙恃憂服除應試禮部親交強之行則曰學以干祿爲親屈今雖得祿不洎矣一卯一壑吾將老焉人莫不健其決初卜塋親或謂伯仲季有利不利宜賂陰陽家者君

曰顧親安宅兆不爾餘視兄便吾何計私久之二兄以門户事夥議析業君一切弗遠至膏腴便近則悉歸之兄無難色是足羞庇焉而尋斧者君既脫世網益觀書勵子姪如束濕使必趨孝弟繩檢以故悉力學自勉至同時賓貢者三而其子份周游兩學藝屢占優等遂觧褐上舍自是族里益勸接踵與計偕不十稔胡氏連三人中第君家業儒者五六從及是始大振君義訓功爲多初所居里頗殷實寇窺覘至建炎庚戌春乘鏬倍道進君發鄉黨家屬亟行已獨後

賊要之塗君正色叱之將加害旁有走者曰天乎善人亦不免耶賊追詰走者知爲公也因解去且速君行母死他寇後數有遮列警君避地者再朞忽喟然曰吾老矣先人敝廬僅存倘先蒲栁得易簀牖下爲幸其遂歸也時已七十尚強健如許偶失仲兄且平時長老行無一存者居卒卒不樂得瘧痢疾一日顧謂份吾生平自視無少愧今瞑目何憾第恨不及復見太平官府耳言訖而逝實紹興壬子十二月壬寅也君性至孝事長嚴饌親極豐旨而自奉約鄉里慶

弔必先操履剛正常以己望人然止責賢者備喜善嫉惡至銘肺肝學雖博不閱佛書曰西來大語要教人善耳吾心與佛契何至著文字相雅好客把酒賦詩間談及圖史琅然疾讀一字不差寒士以書篇贄謁扳援或非是即從容訓告去則厚資之人義利兩得莫不意滿比歲兵革蝗旱穀貴艱食君勇於市義族姻朋舊不自存者必我也始克衣食嫁娶喪葬至寡弱困於魚敘又經理其家及君亡識不識皆出涕嘗德君者至纏臨甚哀嗚呼春秋書澶淵之會大救

灾也而罷名皆棄惡其爲惠不終君固宜褒矣兩娶歐陽文忠公族前室朝散郎粲之女歸六年而亡繼室儒林郎延壽之女亦先一紀亡矣皆静順得婦道男一人份也今左從政郎新差衡州州學教授先是人謂君恬養貴必以子然份亦廉於進嘗官臨江宜春皆奉引以便養父令子恭洗手就職爲大吏所知雖委領諸曹不妄干薦甘困選調致君弗獲生享褒封可歎也女二人長適進士羅端中次適右廸功郎權袁州分宜縣李尚仁先卒孫男四人昌朝昌時皆

早世昌時嘗被鄉薦昌言昌明咸善讀書孫女一人適將仕郎張璀曾孫男一人女四人俱幼份卜以次年三月甲申塟於吉水縣中鵠鄉白蓮塘之原祖塋之左以從弟銓狀來乞銘予嘗第進士策以直言得銓寘嵒甲是當不妄遂銘之銘曰

仕而不淑官也實汙處而不窒隱也何适彼爵彼榮我詩我書學殖肥家籝金蔑如德厚流光根膏實腴非此其身尚其後之須

世美兄墓誌銘

君姓胡籍廬陵字世美諱曰偁曾大父家詩書祖諱諒官則甲考方中薦於鄉及我兄學益強自少時幹蠱閫躬勞苦先諸昆父非罪縲絏中身請代守悦從建炎季寇縱衡葦其母脱亂兵冢兄死祭則㝢出次息俾後之晚多故不可磯投鉅者鷸蚌持一笑粲卒交綏遂漫浪詩酒徒時感愴歌殯虞歲在午月季商日癸卯忽以亡五十四不得年兆文水龍岡原歲在申月孟陬日壬寅窆其圻娶劉氏子三人長昌國次

昌圖幼昌固皆業儒粤二女亦有歸倪師周曾廷輝
孫二男一女兒從兄份衛教官命族弟編修銓石碑
詩永厥傳

孺人張氏墓誌銘假文林郎張洪名銜

宣和七年天子詔旌耄期吉州廬陵縣以胡載母張聞上制曰貴老尚齒邦法有常眷予六世之遺民時乃百年之故老克膺祇德以裕厥躬肆疏湯沐之封式燕家庭之喜封孺人副以官帔胡廬陵甲族多儒冠每禮部試常數十人而登第者相望歲時上壽孺人命服堂上諸子諸孫諸曾孫拜於前肅然耀榮一邑建炎三年冬金人渡江大焚殺獨胡氏所居鄉鷄犬聚落如平時鄉人謂繄孺人積善是賴明年冬十

一月丙辰不幸終於室孺人歸胡君愷生二子曰載曰汝明愷死六十五年矣汝明載相繼即世以故孺人悒悒不樂去載之没纔再告朔三女適進士羅知常曾時若曾君表孫男六人鐸鈇鋒銓鎬鍔鈇出繼從子權被國學薦以卒銓中甲科為春秋第一以承直郎判官撫州屬父喪不行鎬鄉貢進士孫女十四人曾孫五人礽靖康加恩海内孺人法當得宜人令上即大位應陞安人或謂請孺人曰吾以齒不以勳一之為甚於戲是足羞世幸榮者詎謂婦人言與予

與銓爲文字遊常見壽儒人像眼如漆髮未盡白若五六十歲人實靜順慈祥之表然二子反不及喪又何理也鐸等以十二月丙申葬於白蓮塘之原龜從來乞銘銘曰

如夫人壽易壽而康寧難如夫人富易富而好德難如夫人壽富易壽富於兵火間而考終命爲尤難備五福而加貴錫命服以藏山在夫人兮何憾況子孫之芝蘭

李氏姊墓誌銘

孺人廬陵胡氏某從父處士諱登臣之女嫁李氏爲曲江別駕公賁之冢婦前權袁州分宜縣尚仁之孺人從父兩室歐陽文忠公之族孺人與羅氏姊令衡州教授兄份皆歐陽甥也與毋而甚相交愛踰笄歸分宜既饋而舅姑皆曰賢大家嚴婢視子舍獨以怡謹見許靡藥非我嘗不御天資慈祥靜柔家人雖黄不入分宜之耳率廉身以清畏嘗之官封陽興寧魚鹽沃衍之地分宜無樸滿聲長叔游上庠孺人鍵其

計使得卒業尋舉進士第歸拜嘉慶曰嫂氏於我有恩季弟死於嶺表力爲庇瘗如其始歸及再受室則孺人姪也孤乏再出力資之皆鬻笄髢飾不靳其姑在興寧時分宜偶以檄出而孺人聞姑疾即日挈其子冒瘴霧先歸姑喜而愈坐而得羸疾者連年紹興辛亥秋哭其姑哀疾益侵俄以毁卒是時姑死方五月實次年正月二十五日也享三十有九年卜以癸丑十二月甲申瘗於同水鄉白茅坑之原子二人説謨皆攻書𥝩李有族家子幼無依孺人母之劬勞及

是喪孺人如己自出孺人某伯姬也分宜以狀來速銘其嘗聞兄教授言然其宜銘銘曰

末俗澆漓姑慈婦傲自我來嬪姑嚴婦孝醜彼鄉夫視以靜好毋非己子亦服予教尚賁黄腸天可責報

饒州進士胡鎬母李氏墓誌銘

饒州州學教授葉義門狀其郡人胡鎬母李行實述銘於廬陵胡某予與鎬昔同太學雅有舊銘其母也爲宜敢紀其德行及其子孫以志其卒塟其辭曰夫人世家樂平代有潛德既筓歸同里居士胡伸其德行居母喪纔十許歲有孝聲來殯大家合門數百口無一退言世俗尚逸豫我樂教子嘗語鎬爾曾祖貲累萬棄去學於京師有書萬卷焉存志其墓曰博雅君子兒輩所知也是可忘哉鎬服其訓官太學積五

年許一歸歸不越月令往卒業舉進士再試禮部有
場屋聲諸孫甫能言則自抱持口授古詩以爲樂與
其子游者或過門卒無以張具則解衣以爲資自奉
甚約賓祭潔豊春秋高事姑不衰姑死過哀痼疾漸
劇既終喪朞年而逝享五十有九年此其大畧也其
子孫蕃三男子長則鎬也次鉅亦與於學龜年爲佛
圖氏女五人聶標陳球丁作礪虞瑨倪雄飛其壻也
孫男四人琯璞璜琳皆讀書孫女二人其卒以紹興
八年八月辛卯葬以九年十月丙子祔於其姑之封

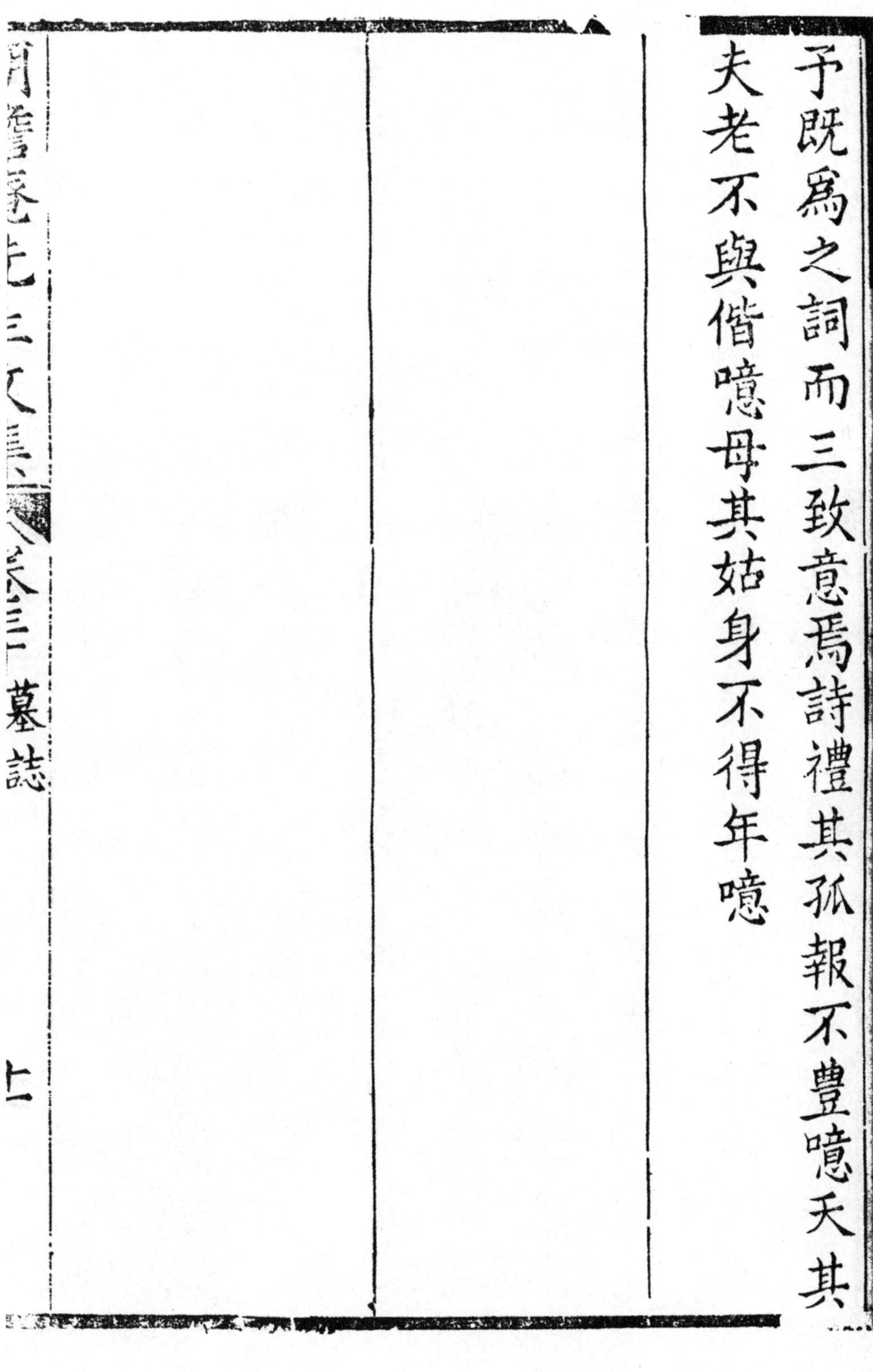

予既爲之詞而三致意焉詩禮其孤報不豊噫天其夫老不與偕噫母其姑身不得年噫

承之兄墓誌

族家子昌意抵書行在曰我先君不幸今年冬十月丙辰以疾卒享纔五十有七年卜以明年十一月甲申奉窀穸於縣之中鵠鄉山塘之原世文教授實予之兆旣又命乞銘於我叔編修惟胡氏廬陵右姓自上世詩禮其家凡以進士薦於鄉者四世矣中科者蓋相望也而先君自少攻苦頗克振晚始計偕不出曰我無廊廟才能出求官耶先君凡三娶羅氏劉氏解氏昌意羅甥也先君極鍾愛然教誨甚武閒少休

必痛切責不使一日一刻怠每業文或得意必喜小不進則恚曰爾荒於嬉嘗言處今之世安貧爲善可以後亡吾賴先世貲有薄田足了伏臘而勉爲詩書口體之養不汝疵瑕抑貧吾安也爲善最樂喜爲善而志不純以陷非義者多矣吾審吾性術無他能誠弗克振人亦不輒禍人如是而已先君守雌終其身故無怨尤胸次坦夷觴咏自放或時思至輒忻然如有所得人亦莫之察面目嚴冷規人過無隱情最嫉惡然未嘗把人長短或忤已窮辨不下氣而纖毫不

宿交遊耐久於所當厚遭慢罵不絶也不阿貴介心所不可雖王公要人亦不爲禮此先君大槩也嗚呼昌意猶恐言之耶其得書驚爲位哭之慟其見自亂來田婚之訟蠭起争一錐即同氣不少庇焉而蹤尋斧者往往而是單寡困於漁奪督亢盡於侵牟武斷者仟佰無藝小不意滿則指人爲羡獨吾兄承之無絲髮挂吏議生事蕭然如初亦不戚戚天性孝友人莫居於其兄弟父子之間自言安貧爲善其孤不欺矣可銘也遂以銘承之諱仔與其同高祖考諱某元

豐間嘗舉進士試禮部大父諱某將仕郎曾大父諱某不仕女嫁士人康煇羅穀今年實紹興之八年

通判兄墓誌銘 假李泰發參政名銜

予自藤再遷瓊瓊守張公仲輿嘗謂予言通守靖州胡公有交承之雅可人也予恨不識其人亡幾何廬陵胡邦衡自廣東遷朱耶道瓊山見予於雙泉則其季也會張公亦來二人合談靖州之美不容口予益以未獲見爲歎後予再遷儋耳距邦衡不數舍一日邦衡忽書來告曰靖州兄篤行文雅君子也今不幸即世世之知者蓋鮮非公特書恐遂湮沒不傳敢以銘請予出涕曰哲人云亡尚忍言也耶邦衡請不懈

謚虔遂删取其狀叙而銘之曰公諱份字兼美姓胡氏其先自建康家廬陵曾祖副不仕祖諒贈將仕郎考諱登臣贈右宣政郎妣歐陽文忠公族朝散郎棐之女公三歲失母字於李氏姑九歲而宣教公繼室前太夫人之妹儒林郎延壽之女劉丞相沆之外孫公事後母以孝聞早就外傅能肄胥雅之三長學章貢司業李公樸時涖尚席門甚高獨與其進藝屢占高等不喜時文文一出已無剽脫每羣試輒蜚場屋標望籍籍三舍法行貢辟水繼入上庠閱一星學益

進年三十八釋褐授臨江軍刑曹明習三尺法多所平反吏不得舞文時有以深文賊不辜鈎得其情刑不濫及吏深刻者折其尾毒力職恒最其列以妣憂去官服闋選椽袁州兵曹建炎初官制行改司法繼改詞曹攝郡幕得憲台移文取讀之則宜春縣斷牛訟未直也索案一見知其寃葢富人與貧人子居相直富人久利其居不與也其牛偶蹊富人之門而攘之牛人無敢言久復放之野牛歸貧人家富人反訟之縣坐以盜貧人訴於州罪之如縣公語吏是不可

不直遂歸牛貧人一郡稱快時給事中李公大有之子同幕以白其父李與公書不意老年見古循吏方用兵兼領機幕郡政一出公畫會盜起郡乘城官分隅以守而隅長不時給米士有饑色公怒欲斬以聞其人叩頭祈哀得免兼倉氏與某僚賦粟卒數十恚言粟紅腐手刄譟呼衆稍稍引避公獨開以禍福卒舍刄拜是日微公幾殆叛將趙萬訌江西也既敗老弱繫路命左右廩之無告者訪所親歸之人多其義同僚有去官遭掠者亦調護其行衆以爲難上即位

覃恩循從政郎罷歸久之除衡州教授而宣教公捐館免喪且數年無仕進意或謂恩未及親乃詣闕除教授澧州始至生員財十數既四方來學者輻湊學宫大張一歲諸司交薦改左宣教郎郡以訓導有方上聞得終成資賜象服左魚尋除通守靖州轉左奉議郎𣏌州郡卒開邊釁公至務在拊摩九谿安堵酋獻琛於朝乞爲管伴公不可郡犬牙蠻獠儲粟寡一被圍則乏軍餉公經營增其廩入無倉卒憂歲旱盗且萌孽與郡將齋禱飛山之神雨隨車至民賴以安

渠陽士無幾，公招携以禮，酋爭遣子入學。士計對者以内郡禮祖行，谿猺獨化，翕然守條死要，不相漁刼。以公善綏撫，乞留郡，以聞。公曰：吾恐棄坟墓久於此乎？轉左承議郎，代還，送者卧轍百餘里，弗恐其還鄉。轉左朝奉郎，請老，童顔秀眉，偶感疾而終，實辛未正月辛丑也，享年七十。娶彭氏，前十六年亡，媲德於公，又無間言。男四人：昌朝，昌時，苦嗜學，早夭；昌時嘗舉進士，試禮部；昌言，昌明，能緝父志，克肖其爲。昌言今爲右廸功郎、澧州石門主簿。一女，適右文林郎、新授辰州録事參軍張璀先卒孫男四人𢍰昂曷昱皆志學昂後公二月而卒孫女九人長適進士葉如璋次適楊忠襄公幼子蔚文次適進士張璆餘在室葉張兩孫女亦繼卒公爲文長於持論在郡庠太學時屢中第一士争膾炙工爲詩得風雅體有書解三十卷文集五十卷藏於家紹興二十二年十二月癸酉葬於吉水縣之中鵠鄉山塘之原公天性寬易躬自厚而責人甚薄見人善不啻如自其口出於人之惡也隱之操履純正即暗室不欺務以中道訓人故號所

居堂曰中庸堂謁者無親踈屣履以迎雖少必肅談論終日無一言忤物愠怒不見辭氣或夷俟則曰我必無禮叩以緩急必無不諾儉以幅已祭祀必豐若節春秋必身先之事親盡道閨門睦如親有疾藥不嘗不敢進視寒襖丙夜不觧带居喪柴毀過禮既葬朔望必哭墓雖疾風迅雷大雨雪不避也妣忌日則設外祖妣位享之族有不克祀者春秋享焉從叔父子死養叔母終其身連舉三喪費不貲不靳從弟貧不時周給之及卒無子爲立嗣喪葬計三十萬錢於

我乎出鄉黨或誤挂憲網冒寒暑往救不得請食不下咽甦枯弱强有害善者稚者必痛猕雖要人居間不聽也朋友疾夙夜藥石弗解同舍有取已器物者衆詰責請庚之謝無所失取者大慚公涖政通敏爲大吏所知有闕員至兼數職簿領山委日披決至夜分爲常大吏或摘語對無一謬持身廉清罔所顧忌不妄干進當途多所平者同舍生一不丐波援至困躓二十餘年泊如也廨舍敝葺之則已有請爲游觀地曰勞人費財以悅耳目豈吾志耶嘗言不願宰邑

拙於催科毋以賦賞改官懼有寬抑卒不忿於素又嘗語猶子公武仕官惟廉勤和三者廢一不可吾行之二十年未嘗有失其大概如此予聞廬陵胡氏世業儒無顯者公始起家里人艷其榮進進於學而兄既字歸美者繼擢賢科自是弟銓鎬連登第而子姓貢禮部相躡皆公發之惜乎公卒老於州縣而不大顯於時蓋有待云銘曰

表順裏方氣剛以闕蓋德之光爬痒櫛垢弱强植穉吏帖民良父父子子家巷衎理刑于鄉邦轂我後嗣

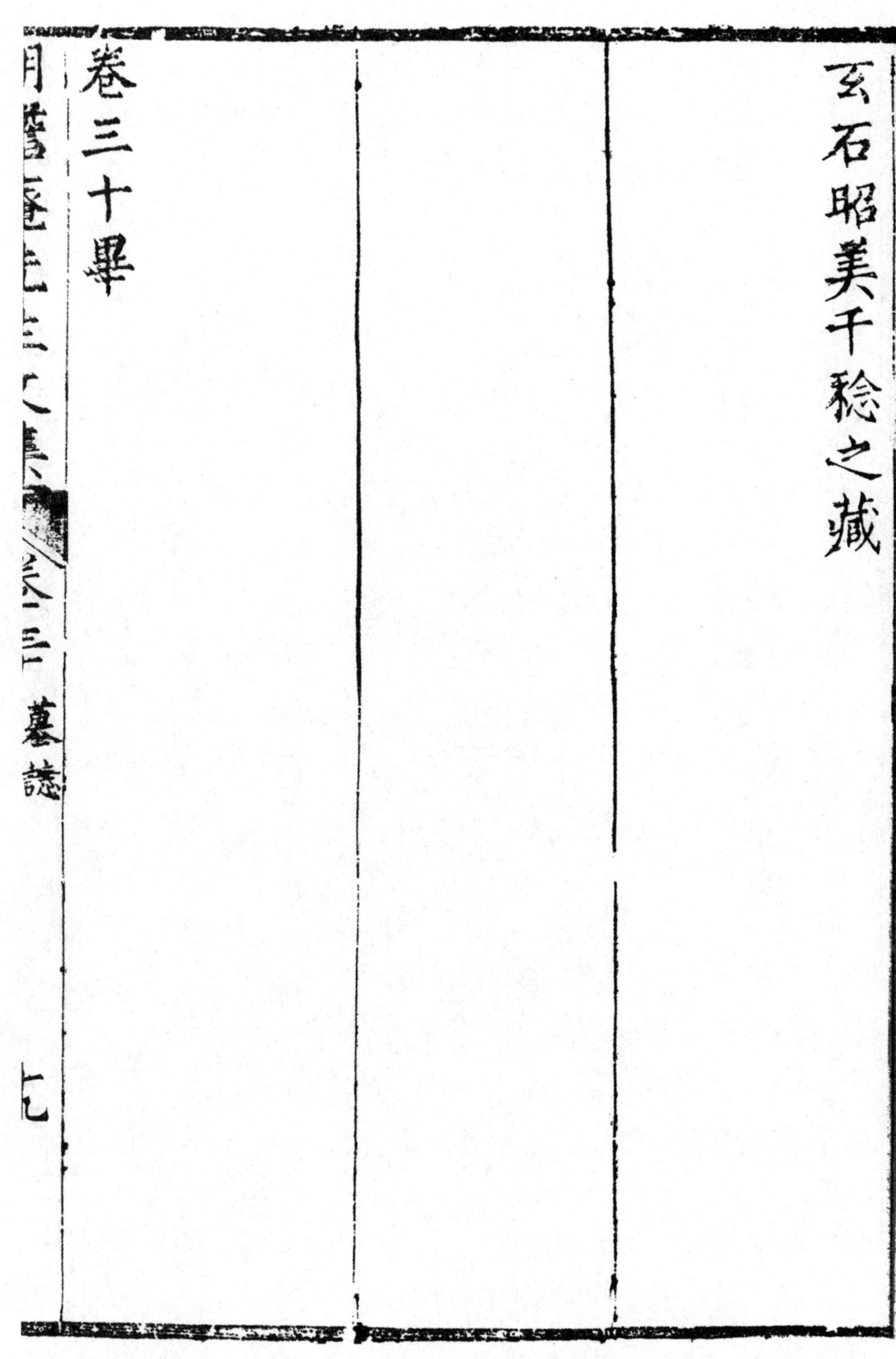

玄石昭美千稔之藏

卷三十畢

胡澹菴先生文集　卷三十　墓誌　七

胡澹庵先生文集卷三十一

宜川後學符乘龍斯萬　校閲

宋廬陵胡銓著　鍾蘭映奎　紹虞賡文

嗣孫　澐龍篆　廷棟騎屋　編輯

定静園　近仁元長

逢盛亮采　值夏道院　永陽院背　仝訂

傳

孝逸先生傳

羅無競字謙中其先長沙人遘馬氏亂家於廬陵曾

祖晟祖亮父允以好善聞州里謙中晳幘豊姿幼頴悟年十六游學南昌且數歲有聲場屋三舍法行歲時鈎校行藝出諸生上疾士風日薄歸杜門會有熈河之役上書條利害特旨褒美授廸功郎交親强之仕始爲建寧主簿愛民如恐傷御史東濕令魯人黷貨無藝謙中連指其過銜之思有所中傷無毫髮釁鏄令卒以貪敗先謙中嘗攝尉鄉民爲轂觝戲令意爲盜檄尉捕既得移縣以實則使喻以風指此可超某官咲曰殺人以爲梯恐耶亟白郡數十人得不寃

汀有劇賊衆數千聲讋建寧民凜凜欲亡其同僚謀自全謙中曰邑無大小召吏民鍵以禍福爲守備盜不入境去官百姓遮道留歸踰年丁父憂毁甚母不勝悲不得已强食免喪不復仕號遯翁蓄書萬卷大蒐其間故人清風觴咏竟日建炎間金人渡江聚落爭顧府謙中太息吾獨如墨莊何虜過其廬曰儒先家也戒毋犯自是避地者如歸或以方義成堡一日忽得疾侍母不解寢棘泣數行下謂家人吾不得終養矣遂卒年五十三門下客私謚曰孝逸先生娶朱

氏子良弼良佐謙中喜作詩高處切風雅平處往往
飽諳難之天資靜易未嘗丐汲引而薦者章交待人
以和若況然應而終不易其介父事兄友其弟弟死
厥孤方襁褓養育數年而夭則以良佐爲之後且嫁
其女姑若妹寡而窶者給其養終身死則具禮以葬
子姓皆興於學紹興初取士復詩賦良弼爲鄉舉首
亡幾何上大饗合宮恩耄其母年九十封太孺人人
謂謙中仰覩俯子皆可無憾有集數卷經解數卷著
清襟集三卷藏於家先君宣教雅與公厚嘗謂其兄

弟謙中有佳兒予之師清節先生蕭子荆謙中友也亦云故予兄弟樂與良弼游予登第後讀書山間十年良弼未嘗不來來未嘗不論文終日後被召大臣舉予應直言極諫等科朋友有功焉良弼爲多予其敢忘之頃得給事中李仲謙所爲公墓志又以所聞補之爲公傳而竊評其大槩曰爲親而仕近毛義詠達以詭近東方朔遯以求志近淵明云太史公曰在易之蠱曰幹父之蠱意承考也又曰不事王侯高尚其事一卦而二戒具聖人之意深矣崇觀以來迄於

政宣之間童蔡方君圖門如沸羨人爭趨之朝輿臺而暮閒兩社者有摩於朝而不知其害及靖康之變凡其黨與耄嬰頸血不死刀鋸則死於兵骨相枕於道頸顱有行萬里者謙中於是時方白水撲簾而青山隱几也人然後知公之爲高然猶挂名縣簿者父命不敢違也進不違父命則合乎承考之義知時不可爲而止則又合乎高尚之義論曰孝逸予寧欺公

行狀

衡州太守高大夫行狀

高齊太公之後食采於高因氏焉齊高氏爲春秋著姓魯文公時有宋子哀者左氏以爲高哀其按春秋異姓大夫當書姓如宋華定若有善可旌則以字繫姓如宋華孫前後經文未有異姓大夫畧其姓而直書字者然則子哀者誰葢宋公之子如子同子糾之比不稱世子者未命耳推此則春秋高氏惟齊一族漢惟儒林高相有傳高帝時有高起張晏公族姓考

漢帝年紀有武都侯高起而魏相丙吉云高祖時奏事有將軍臣起則高氏在漢初已有顯人至後魏之允唐之逞皆號名宗然則永若本朝之高族大且盛自得姓來渤海漁陽遼陽廣陵河南凡五望而公之先蓋自蒙城徙開封故今爲開封人公諱世吏字無隱曾祖遵憲供備庫副使贈左金武衛上將軍娶宋氏追封大寧郡太君張氏追封長安縣太君祖士剔文思副使贈朝議大夫娶薛氏追封崇安縣君考公嚴朝奉大夫贈右通議大夫娶黄氏尚氏俱封宜人

公七歲以宣仁聖烈皇后昆孫補太廟齋郎已岐嶷
志學能肆羣雅及長趨尚不凡大觀初丞同州澄城
縣吏歛手不敢爲奸政和四年間陞通仕郎六年就
移唐州比陽縣令被旨部夫萬人修滑州永橋邑各
貸緡錢百萬以上公至滑僝工省費晝夜竭力不兩
月所分地工告畢費視他邑餘五分一以其餘歸之
民提舉皇城蘭棊以聞循文林郎以父憂去官居喪
三年中禮人以爲難服闋知河中府萬全縣民便安
之宣和五年攺宣教郎選知中山府唐縣訟庭間閒

似蜜與蒲未幾以部使者親嫌罷七年知京兆府樊州縣靖康元年覃恩轉通直郎尋賜緋服安撫使司差充勤王隨軍幹辦以建炎元年登極赦分屯遂還任經畧使唐某差赴南京邀車駕幸關中公行至鞏潰兵旁午公傔從百餘止逆旅至暮爲潰兵所圍公堅卧不動忽一兵排闥手劍瞪視公公安坐無忤容其人物色久之曰公非前宰樊川高君乎公頷之則驚告以情我輩皆樊川人感縣令厚養之恩至今不忘叱其徒皆倒戈拜曰吾父也戒毋犯退具壺漿遣

卒數百護出境涕泣而去公至應天奏事訖還至陜河東經制使王𤫊辟幹辦公事以軍期差赴楊州比還京師道梗留守宗澤辟權法曹參軍三年趨建康以京城守禦功特轉承議郎磨勘轉朝奉郎以元年覃恩轉朝散郎差權通判肄昌府未行辟沿江措置使司幹辦公事兼權提領充前軍郭吉軍監軍屯建康金賊至綱沙夾公激昂三軍備戰艦於監軍樓船上上立旗幟號令精明與賊戰敗之一時水戰氣倍公懼賊伏夾岸葦中欲縱火焚之留守杜充不從公

爭之力充怒而止已而賊果如公言水軍敗績公收散卒退保長蘆而統制邵清叛朝廷遣將經旬不能下公與裨將單守中至清帳下開以大義清欲降其徒有桀驁抗命者公命守中戮之誓於衆曰不負國者執草爲蕝不者死衆爭執草遂降其軍紹興二年特差知常州武進縣武進號劇邑公優爲之五年差權通判辰州特改添差權通判廣德軍不釐務八年差通判真州九年轉右朝請郎力請宫祠十年主管台州崇道觀十三年轉右朝奉大夫權知無爲軍十

七年轉右朝散大夫坐嘯而理郡政水漂城外民居毀城堞五尺許公與通判某某立潰城之傍水勢蕩颺公禱於神曰吾奉天子命守兹土爾血食此而禍吾民乎投文於水有頃龍見水少却城頼以全漫聞於朝得旨築堤立石紀其事蘄春令王某記焉二十六年知衡州馭吏如束濕視民惟恐傷補發累政上供爲石者二十六萬爲錢千者十三萬而民不知閲二歲斷死纔三人雖在告亦事事鍵以勤强練密未嘗一日廢職以久雨忽遍謁諸祠禱晴其夕談笑而

逝年七十有三實二十八年三月九日也凡四娶王氏趙氏陳氏馮氏皆封恭人男九人長循之承節郎次立之右廸功郎端之進武校尉幼靖之將仕郎女二人長早卒次許右廸功郎王巖老之子孫九人長子佑將仕郎次子佐子侊子儷子偉子信子仍子仁公自幼不好弄刻意儒雅迨老不衰語無妄發未嘗室怒市色每以忠恕廉慎自將洗手就職爲樊川時有羨錢歲數千緡例乾沒爲常公不取曰吾義不以苟得汙家自縣令至歷州所至先教後誅齊心服形

於燕閩之間而民自得於耕桑隴畝之上歲以屢登桴鼓稀鳴有古循吏風天資樂聞人善而急人之急猶饑渴然故一得俸緑手立盡既終而留貲惟書數篋及西佛氏説滿堂而已家甚儉不喜茹葷嗜釋老月常飯蔬食不以口腹多殺其用心大槩若此公四子及兄弟六人陷虜中歲時雨露之感念父母手足之遺體慨然誓不與醜虜共天人服其孝友來衡陽也止挈幼子餘留廣德曰官守子舍多則累人葢得君子遠其子之意捐館前一日令姪治之書治命以

幼女未行爲念且顧聆靖之若欲訓以義方者又作偈有出世間意或謂公瀕死不亂非有所得而能然乎其嘗聞昔王郎反河北獨鉅鹿信都爲世祖堅守議者謂可因二郡兵送還長安惟邳彤以不可以爲若行此策豈徒空失河北必更驚動三輔公若無復征戰之意則雖信都之兵猶難會也何者公既西則邯鄲之兵不肯捐父母而千里送公其逃亡可必也世祖深感其言而止此東漢興亡之決邳彤可謂漢之元臣也公六世祖韓王璵事章聖皇帝景德元年契

丹舉國來寇攻定武圍高陽不克遂陷德清犯天雄羣臣爭欲避狄江南西蜀獨寇準爭之甚力上曰卿大臣豈能盡用兵之利害準曰請召高瓊瓊至乃言避敵國爲安全但恐扈駕之士路中逃亡無與俱西南者耳上大驚始決策北征蕪子曰瓊之言大畧似邳彤皆一代雄傑也噫天何時復生此傑觀公平生蓋庶幾焉靖之將護喪歸廣德以書抵所親楊忠襄公之子昭文尉文俾謂某曰先君子雅與君善敢以墓刻爲不朽託且顧言云某固辭不敢然竊謂公仕

五十餘年知已凡數十如丞相朱公藏一左丞范公謙叔樞密王公子尚及今參政陳公長卿皆深知公者而某也嘗獲遊諸公之門且嘗與陳公同僚其許與不妄是可書也故删取公之行實書以畀之子孫藏於家以俟立言之君子

孺人曾氏行狀

紹興七年左通直郎樞密院編修官胡𢀜以明堂恩其父諱某贈右宣教郎母陳氏張氏皆贈孺人所生母曾氏封孺人宣教君男女九人而曾氏出者二男一女孺人教撫如一雖門内親戚不覺少異在中饋率從儀法居尊卑間禮無遠者先姑氏張氏年高多疾孺人朝夕膳藥不解姑以百歲特封孺人而孺人繼亦被封壽考令終子孫緝緝然人謂行孝護報某兄弟姪行舉進士者數十人相繼中第者四人歲時

率子若孫羅拜堂下里人聚觀嘆息推胡氏爲德門孺人享年七十有七二十四年歲在甲戌正月八日以疾終將以某年某月某日葬於某原孺人世爲吉之廬陵人三世在野男銲力學有守前十年卒季則某也中建炎二年甲科朝廷初復制舉宰相舉某應賢良方正直言極諫科孺人戒曰毋負所舉後某果以言事獲譴孺人不慼慼女嫁士人曾鏜亦先卒孫男四人澥濟泳灖皆志學孫女八人長適進士李礎餘在室孺人性儉勤能自刻苦首飾無金玉喜讀佛

書寒暑不廢至訓于孫則一出於仁義未嘗一言及他其位於朝也大駡或出孺人必躬飭子孫望拜盡禮以爲常某一時同僚及同年進士徧列臺省若節春秋必升堂爲壽士艷其榮歲在戊午某爲省試官所得士皆一時選後多通顯有入兩地者而某坎壈垂二十年食幾并日不堪其憂孺人泰然安之自某徙嶺海久之孺人居無室廬轉徙僑寓以至沒齒無少怨類知道安命者敢條錄其始末大概以告當世立言之君子

卷三十一畢

胡澹庵先生文集卷三十二

宋廬陵胡銓著

宜　後學符秉龍斯萬　校閱

鍾蘭映奎　紹虞賡文

嗣孫

澐龍篆　廷楝騎屋　編輯

定静園　近仁元長

逢盛亮采　值夏道院　永陽院肯　仝訂

題跋

跋仁宗皇帝飛帛書

孟子曰誦詩讀書不知其人可乎是以論其世也臣

末學固陋不足以窺仁宗皇帝之萬一竊嘗以其世論之聞遺民耆舊猶能談慶曆至和間事以爲當是之時衆賢和於朝萬物和於野薄海内外無一夫甲而兵者求其所以致此雖道大難名大要以清淨爲宗蓋公有言治道貴清淨而民自定然則聖神之用心豈徒角字畫之工而已乎故嘗謂欲知四十二年極治之盛觀此清淨二字可也紹興乙丑十一月朔臣胡銓謹識

跋羅長卿所藏蘭亭詩

右蘭亭集也或以方梓澤叙右軍喜甚此殊不可曉郗嘉喜人以已比苻堅殆是同病陳公廙居洛為禊飲與客酧唱無愧山陰之句叙者謂禮義為踈曠之比道藝當筆札之工誠不愧矣予觀少安少邁往不屑之韵與隆替對蘭亭之傳豈但筆札之工公廙自云無愧葢王謝之細耶韓安國不能作賦罰酒三升予作詩不成亦飲三觥議者以是少之琱蟲生遂有矜色詎謂一詩一賦足以盡豪傑之士哉

書崔公治書後

予在新州惠州河源縣令崔公治書報云潮陽令作吉陽謂丞相趙公元鎮自潮再遷吉陽也時朝廷怒趙公方甚人不敢斥言故爲廋語耳予初不知吉陽爲何地後三年予自新州亦再遷吉陽乃知即崖州也今趙公與崔皆爲鬼録而予遷崖忽忽七年恩老杜勢閲人代速之句爲之太息紹興巳亥六月十一日書

跋胡遵禮雙頭牡丹圖

予里之友胡君遵禮偕其季終父喪不越月哭其母如不勝哀歲餘有花合蒂生廬傍貌其狀來速予文以爲祥也予曰麟經祥瑞不書凡書不戒則勸請以春秋之法勸焉荟嘗考於古得於酉陽之録涪翁之詠米侯之帖如是花者亦時或有獨於居喪而生予意造物者陰以此勉君之兄弟也夫兄弟之難協也以姬文之聖孝文之仁而兄弟之間慙德多矣況餘人乎方親在時朝磨夕鐫或詡詡强相友指天日誓

不叛一旦已其親抔土未乾奪婦口反眼若秦越小不意㒹往往身纏墨手杖相角以求割釁者多矣故古人於其居喪必亹亹勸勉鞭其不及而救其過雖桃瓜小物苟或並秀亦大書特書以為廬墓佳事非但書祥而止耳故以為草木異類也且有同氣之義兄弟一體也忍忘同乳之恩乎然則玆花也駢榮鬬奇豈徒媚君瑚欄哉必有所勉矣噫仰華鄂之樓而李集興覩棠棣之詩而賈碑立感因之焉予姑勉之將見家顏閔而人曾參自吾里始

跋孫氏書儀

孫氏祭儀大抵規撫温公書儀少損之耳其間有未安處不可不釐正之如云跪祭酒於几下俛伏興又云酹酒跪奠俛伏興意謂奠爲酹酒恐非某按士喪禮奠脯醢酒注云鬼無象設奠以憑依之温公云奠謂斟酒奉至几上而不酹也則奠非酹亦明矣又謂古者廟祭爲俎籩豆葢古人生時享用之物事死如事生故以生時用器奉之今只用盤醆盌亦斯義此尤非孔子曰俎豆之事則嘗聞之軍旅之事未之學

也言軍旅而及於俎豆聖人之意微矣古人坐貪汙不廉者謂之簠簋不飭蓋簠簋飭則敬肅之心生故入宗廟見簋俎而色莊易於剝坎取象簠簋誠以精意寓焉故爾今欲以古薦享之禮事其先而以俚俗不軌之器參錯其間何異奏雅終淫哇乎温公議俎豆籩豆但只云恐非私家所能有非以爲不當用也好古知禮之士當考

古易剝牀以簋京房云重祭器

跋李伯時畫

此伯時畫或疑非是予嘗評古今畫惟士人用筆無丹青氣如南史蕭賁圖山水於扇咫尺萬里故少陵云咫尺應須論萬里唐宗室思訓畫筆勢雄拔世稱李將軍山水王摩詰畫天機所到者以爲人無間言鄭廣文畫與詩書埒元宗署爲三絶詩人以祁岳比之踈矣奉先劉少府畫或云筆迹遠過楊契丹信然張志和畫舐筆輙成葢其胷次自有丘壑耳至閻立本以丹青取宰相小人哉本朝王晋卿水墨或云筆

勢挽回三百年謂追踪鄭虔也米元章畫其書有一
種邁往不屑之韵自蕭及米皆以山水得游戲三昧
至與可之竹伯時之人物東坡竹石亦各玅絶一時
與可人物雖不多見如歸去來所作人物意態天成
惟此畫似之非伯時不能也然識畫至難世人以贗
爲真如前古以朱繇畫爲道玄者多矣當考

跋裴季祥寫王荆公詩圖

茅簷長掃浄無苔花木成隂手自栽一水護田將緑遶兩山排闥送青來此介甫詩也内侍裴季祥寫爲圖以遺高郵劉景仁其妙處茅屋閴然惟一持帚而掃者深居山居幽處而其掃苔之意自已灑落絶俗彼掃舍人門如魏勃輩視此擁篲者顙有泚矣景仁淮海佳士方著脚薾青雲乃志山水與夫市朝眷戀之徒相去不啻九牛毛也退之稱王弘中云知者樂水仁者樂山智以謀之仁以居之吾知其去是而羽

儀於天朝也不遠矣予於景仁亦云紹興戊辰人日

澹叟胡邦衡書

跋雷梧州集字說記

紹興巳巳上巳日某假道茂名宰雷侯見其家集字說注曰先君遺書也某方有吉陽之遷不暇窮究畧涉一再淵源六經出入左氏公穀儀禮國語爾雅孟軻之書荀莊楊列老子尸子淮南子之流至於楚辭班馬所紀太玄白虎通許慎說文呂不韋春秋陸機疏梁昭明選兩京景福之賦司馬法罔不貫串又如難經疏問本草經病源外臺秘要與天營造式亦悉該洽下逮玉篇廣韵集韵埤蒼雅博方言皆所不遺

嗚呼先生之學可謂博而精矣近世學者束書不觀游談無根讀此書當泚其顙其既書其卷末又以所見補其闕如彐掌也漢賦彐華同義藐遠也音莫而左氏藐諸孤亦音眇右翼曰胠見春秋傳襄三十三年鼉黿類皮可冒鼓李斯相如皆云樹靈鼉之鼓櫋聯也楚辭擗蕙櫋兮既張橑椽也榱也九歌桂棟兮蘭橑廬陵胡某書於仙江驛

跋陳了翁帖

了翁嘗跋六一先生帖云使二十年前見此書皆如今日則朋黨之論不起東坡曰美哉微中之言也今觀此帖使三四十年前人皆知愛敬了翁如合浦李侯則豈復有靖康城下之盟哉至今了翁名節爛然於殺青之上子姓登臺省或爲監司郡守皆有能名子孫亦亹亹逼人而合浦之子亦布列仕路聲稱籍甚當時謀陷了翁者閴焉乃知身賢賢也敬賢亦賢也賢者亦有後天道豈可誣也耶頃嘗與翁之昆孫

右正言淵同朝而翁之子正同又同官密院知翁爲詳故書之悉紹興巳巳夏六月二十二日儋耳傳舍

光華堂澹庵胡某

跋從叔祖八景士遺稿

某幼側聞先君宣教君言從大父治舉業日作文一篇有賓客碁酒夜歸則補一日之闕先君沒垂三十年言猶在耳頃讀坡老集見其言曰詩非甚習不工要須日作一首山谷亦云胸次一日不以古今澆之便覺面目可憎語言無味乃知從大父蓋用坡谷法也然竊嘗觀堯曰行道舜日致孝禹惜寸陰湯日新厥德文王日昃不暇武王夙夜惟勤成王日就其聰周公夜以繼日仲尼終日以思蓋自堯舜禹湯以至

周孔皆日孳孳然而况學者奚可自畫夫自畫廢業者荒於嬉者也毀於惰者也是以古之君子學欲其日益善欲其日加德欲其日起身欲其日省體欲其日强行欲其日先心欲其日休道欲其日章以爲未也又曰日知其所無又曰日見其所不見又曰一日不使其躬儳焉其愛日如是足矣猶以爲未也必時習焉無一時不習也必時敏焉無一時不敏也必時術焉無一時不術也必時中焉無一時不中也夫以愛日爲未足而又競時如此可以已矣而君子猶以

爲末也則曰夜者日之餘也吾必繼晷焉燈必親薪必然膏必焚燭必秉蠟必濡螢必照月必帶雪必映先必隙明必借晴則記嗚呼此吾從大父所以夜歸補一日之闕也雖然如此極矣然而君子又曰終夜不寢必如孔子鷄鳴而起必如大舜坐以待旦必如周公然則何時而已耶曰范甯不云乎君子之學也沒身而已矣紹興二十二年六月壬申從姪孫前樞密院編修胡某謹書

跋裴氏家譜

紹興戊午予自密院以狂瞽得罪貶昭州未行赦罪謫監廣州都鹽倉尋改差福州僉判踰年而言者必欲寘之死上不忍誅除名遷新州紹興己巳二月告朔某自新州再遷朱崖夏六月行臨皐道中路旁題云買愁村予曰買愁村古未有對馬上因口占云北望長思聞喜縣南來怕入買愁村崎嶇萬里天涯路野草荒煙正斷魂漢武元鼎六年幸緱氏至左邑桐鄉聞南越破以爲聞喜縣故予以聞喜對買愁取其

對耳非有意謂也及抵儋耳有吉陽人來謁視其刺曰聞喜裴嘉祥予驚曰崔州乃有聞喜人數日前馬上口占句豈偶然耶一日儋守陳使君謂予曰吉陽寓處無出裴氏今裴君幸在此試以語之顧左右招裴君則已浮海矣予歎曰事不由人後月餘予亦浮海而南再信次昌化縣方艤舟見其岸上有立而待者裴君也問何爲尚留此曰至此易舟凡月餘不能得請同舟以濟輟一舟遺之既至貶所遂館於裴氏先是在新州時嘗夢謁丞相趙公久之不出仰視棟

宇皆蛛絲煤尾乃取帚掃塵而覺予竊喜曰趙公其將還朝予倘得北歸乎及是所居乃趙公舊寓也嗟乎行止非人所能坡老云流落天涯先有識豈不然哉豈不然哉裴君字宋祺其尊父朝散公盛德君子而其兄令爲瓊州推官趙公書之詳矣予閱裴氏家譜因書其後

跋李瓊州與吉陽于守書

此安撫李公薦于崖州書也崖州前爲瓊將以數百罷卒嬰方張數千之寇衆寡不敵人爲危懼而能奮不顧身以義將其氣厲士卒以必死會不踰時寇束手請命自古以少擊衆未見其比海南俗剽悍帶牛佩犢大抵如古所謂家鶴膝户犀渠者退之云喜則人怒則獸蕃黎獠故態也爲政或失相挺爲亂否則嚚訟蜂起郡將例以譴去以故人怨氣沴盲風怪雨發作無節水旱饑饉無歲不有自于侯爲州政通民

熙氓獠户歌前日帶牛佩犢者今服田力穡前日囂訟不庭者今肅勺組豆前日水旱饑饉者今兩暘以時歲以大穰以是知于侯豈善戰云乎哉然則非安撫李公不能庸于侯非于侯不能甦黎島之人而當李公之薦炳乎其相輝蔚乎其相彰皇乎美哉綦既喜李公之能知人而又喜于侯之能不負所舉也故書其末且以勉于侯思其始而圖其終傳曰終之實難敢以此規

跋李泰發參政與寧遠令劉文舉詩

參將李公以劉寧遠比孔北海以其字同也嘗觀隋唐間人之名字有云日磾者蓋慕金氏之爲人有云長卿者蓋慕司馬之爲人有云曼倩者蓋慕方朔之爲人有云賓王者蓋慕馬周之爲人考其行事雖若不甚相似而其志節凜然已自不凡古人評三國名臣謂孔北海爲龍此豈可及哉而李公以寧遠方之或謂過論予竊以爲不然孔子有云擬人必於其倫寧遠視北海其所成立似非其倫然其學皆本於堯

舜周孔之道其倫一也況孔北海平生疏率天放史臣謂其意廣才疏非才疏也天性然也劉寧遠之爲人迭宕文史浮沉杯酒間類通脱者至於持廉勤以義將其氣遇事輒發敢與官長抗衡時時遭官長罵毅然不屈則其疏率殊類北海倘得時得位其所設施固未可知而其坐上嘗滿尊中不空端未肯讓北海也

跋李泰發參政詩集

北林氏所集參相李公詩文也編次甚精予嘗恩北歸行𨚗山道中日讀不廢手或疑其間用字有未妥及用事有可疑者葢人不曾覩書不知來歷耳如實蘂堂云風颭圓荷翻翠葢用颭字葢出柳子厚詩驚風亂颭荷渠水夜飲云酒薄猶堪緩客愁用緩字葢出杜詩急觴爲緩憂心擣感春云一壑風烟如可擅用擅字出莊生云擅一壑之水符氏莊云野花隨處供幽香供多讀平不知二疏傳供張讀爲去聲野趣

亭云幽居渺雲莊蓋用老杜巨壑渺雲莊之句玻璃盌云自有隨身老瓦盆蓋用老杜田家老瓦盆事江橋云風捲斷雲飛玉馬蓋唐太宗有玉花馬杜云先帝天馬玉花驄故云玉馬又云水搖明月走金蛇多疑金蛇似俗蓋不見坡老有電光一掣紫金蛇之語此類甚多方行役疲勞不能一一指摘聊拈出一二庚後生不妄下雌黄耳其送予遷吉陽詩云夢裏分明見黎姆生前定合到朱崖予初貶新興一日忽夢黎姆後十年乃遷朱崖故云然蓋海南有黎姆山也

唐末有朱耶赤子之語朱耶即朱崖也紹興丙子中秋後五日跋

跋胡明仲侍郎帖

某伏讀明仲侍郎所叙年家父權郡劉公布衣時言事得罪未嘗不三復流涕也春秋傳曰臧孫達其有後於魯乎君違不忘諫之以德嘗考魯史三桓子孫惟臧孫至盛至文仲武仲益大以熾其有後信矣公方抗疏時奮不顧身豈顧有後與否予觀其二子與某同年登第皆嶄然露頭角有仕途聲殆不愧臧氏以是知懷禄怙寵口箝而不開者其無後必矣可不懼哉可不戒哉

跋王民瞻其文

周生述孔業祖謝響然臻此泉明語也民瞻一振馬隊之遺風人欽趨之所謂從善如登者耶泉明不欺矣

跋莊道士銅將軍銅龍銅手爐畫圖

漆園吏之耳孫來住銅岩披剃棘一新道場神人歡喜偶濤浪中獲此三異葢鏟彩數十百年間者乃知玉清說經而金玉露形老君談玄而地神湧出非詭言也

跋陸處善集杜詩

右臨江陸處善集杜詩題坡老舊隱所謂德有隣堂者也近世媢道成俗凡有位者出一詩一文則人爭摹刻竟有題跋不問詩文美惡但官愈高則題跋愈多如使騷人詞客投閒置散雖有屈宋李杜之文之詩人誰着眼豈復有賞吳江之楓落愛秋水之霞飛徒令月哦永什與孤烟埜草共盡可勝惜哉予故手書此以記意云耳

跋醉鄉圖

予既作醉鄉圖或言醉鄉不可名狀圖何有哉予笑答曰子非無功安知無功鄉也吉州僧契崇謁予於澹庵既去乞一言爲别以是遺之可持歸作衣鉢一笑一笑崇師雖浮屠人專以詩律作佛事似亦有意醉鄉卜鄰

跋劉舉捕魚圖

此捕魚圖凡四屏面提舉劉公家藏也公之子拯景仁以親僕求書其上景仁書得顔楷他日當自名家而反求於僕殆是厭家鷄耶

書南涇漁父詞後

吾祊網魚鱉童丱至於耄孜孜戒吾屬天物不可暴大小參去留候其孳養報終朝獲漁利魚亦未曾耗此南涇漁父詞也漁者爲利是嗜猶有仁心今之爲政者乃曰一網盡矣不仁之甚視漁者有愧焉

跋秦希甫墓銘

劉景仁出視覇陵先生秦公墓碑求予跋尾予謂陶淵明作孟嘉傳東坡先生書程公逸事皆外祖也古之君子一出言不忘其親是以重所出也如此景仁

秦出也故寶藏其銘庶幾二君子之心是可嘉耳

跋劉提舉所藏坡老松石

觀此醉松枯石乃知坡老肺肝得酒芒角出也

跋劉提舉寒林圖

石怪木老流泉交絡如行匡廬道中覺霜林飛瀑逼人寒栗

跋松石圖

此大類陳公弼家栢石圖也栢出巖石間豈有可移下理觀此畫可以堅所出矣

跋維摩畫

澹叟觀畫得掛口法

跋雷梧州墓刻

某自新興遷吉陽道茂名雷侯出其先君子梧州墓刻蓋端明趙公伯山之文中叙御史馬伸嘗評公爲愛民吏予雖不及識梧州而知伯山與馬御史之爲人伯山在建炎間以詩鳴而馬公嘗以直言被譴二公皆一時望而稱道梧州若此不問可知其爲人茂名政聲亦藉甚人謂梧州盛德懿範具矣

跋儋耳陳守所藏折仲古帖

紹興十九年大夏中沭焙郡守陳公于賓燕亭觀此帖因悟東坡三養訣陳公能寶藏之賢於李預玉法遠矣他時日食萬錢必能勿忘在儋耳時也

跋黄舜揚所刻先聖像

孔子没楊墨害正道孟氏闢之軻死未幾黄老於漢梅福一開説而世又知有孔子由漢以來佛於晉宋齊梁至唐益盛韓愈一明正而聖道益尊本朝歐陽公羽翼六經功配軻愈然異端之害道者又在流俗

往往溺其說溫林進士黄舜揚力能尊吾先聖至刻像以廣其傳若欲排異端其志不在歐陽下故喜而書之以張其氣且以風吾黨之士云

書先聖像後

夫子賢於堯舜遠矣或以爲狀似有若陽虎蒙倛也何異以沐猴爲堯舜也耶

跋秦法信道人詩軸

似僧有髮似俗無家念君何罪亦到朱耶

卷三十二畢

先公非以文鳴者其有文也廹於情之所發憂愁幽思不得已而作也夫事莫大於正名分而倫莫切於尊君父昔者有宋南渡一禍亂極至之秋也僞豫僭而三綱斁金兵至而四海潰天下之無王也甚矣間嘗披閱國史竊觀宋之中葉殊大可為也惜其君之不振耳葢當是時宰相則有李趙諸賢以治其内將帥則有韓岳諸忠以治其外假令高宗痛二聖之蒙塵業不偏安發憤而自雄吾知中興之事殆不旋踵復也而廼惑於權奸媮容茍安公一抗疏連遭貶逐

嗚呼斯亦危矣然而其心顧不已也身雖逐而不用而大義終無可逃其進也犯顏敢諍切以靖臣子之誼其退也明道立教希以修聖賢之業唯是本其憂憫之心磅礴欝積一於文發之今試觀策論記序書奏詩銘諸作凄風苦雨驚濤怒波視韓之潮蘇之海後先不啻一轍焉或曰公之忠義史論及諸先賢評當矣惜其為文激昂慷慨無復先民正始音此不知公者也夫文與時為進退者也吾鄉以節義而能文章者得四公焉而皆因乎其遇六一際昇平故其言

宏而大益國際和盟故其言醇而正文山際危難故其言淒而切惟公值國家方多事之日撥亂而反之正在轉移間耳苟非痛哭流涕以作其有為之氣名分日替君父之倫幾何不至澌滅乎寧九死而不悔發於心因遂不覺發於聲也善哉誠齋先生序曰宋玉以下無論靈均以來一人而已夫言有大而非夸者此其是也嗚呼豈得已哉公集凡百卷宋刻於池陽舊有家藏原版屢經兵燹散佚不見者五百餘禩乾隆丙寅家給諫公靜園獲得抄本屬澐與族鍾蘭

映奎紹虞賡文重鐫傳世不幸二君相継去世澐不敏懼久而愈失過佚前人光乃併裒集遺稿共計三十二巻與姪廷棟騎屋仲男威模貢白次第編輯謀而付梓較閲者宜川符六堂夫子也嗚呼世君子讀斯集者攷其時詧其志當知先公之文之所自出也夫

十九世孫澐謹跋

金陵全書

丁編·文獻類

文集補遺

（清）朱文藻 辑録

南京出版傳媒集團
南京出版社

（清）朱文藻 撰

文集補遺

文集補遺卷上目錄

月中桂頌

墓誌

宋大理寺丞補授湖南叅議弟從周墓誌

題跋

跋鄭亭仲樞密送邢晦詩

奏疏

論左右史四事

請都建康疏

文集補遺卷首

欽定四庫全書簡明目録

澹菴文集六卷

宋胡銓撰宋史本傳稱銓集百卷藝文志又作七十卷今已不傳此本文五卷詩一卷葢後人掇拾重編也銓受春秋於蕭楚故集中持論多本春秋義例不但爭和議一疏震耀千古鶴林玉露記其飲湘潭胡氏園中詩爲朱子所詆此集不載殆諱而刪之然銓大節凛然乃以歌筵

一詠斥爲盡喪生平之操未免已甚矣

浙江採集遺書總録

胡澹菴文集六卷寫本

右宋資政殿學士廬陵胡銓撰銓嘗抗疏詆和議累謫吉陽軍所作詩文骯髒有氣格陳氏書録作七十卷今止六卷

文集補遺卷上　　仁和後學朱文藻輯録

宋廬陵才翁銓澹菴著

廷楝　一堅　廷幹　鎮南　光燕

鼎顯　盛海　盛槐　盛楧　光簪

嗣裔　昶　宫梅　盛謙　盛梅　光烈編次

鼎需　應鈞　盛本　盛祿　光烯

汝霖　學山　毓秀　光薰　光誼

書

遺仲子維寧書

古之君子學欲其日益善欲其日加德欲其日起體欲其日彊行欲其日勉心欲其日休道欲其日章以爲未也又日知其所亡見其所不見一日不使其躬怠焉其愛日如是足矣猶以爲未也必時習焉無一時不習也必時敏焉無一時不敏也必時中焉無一時不中也其競時如是可以已矣猶以爲未也則曰夜者日之餘也吾必繼晷焉燈必親薪必燃膏必焚燭必秉蠟必[illegible][illegible]螢必照月必帶雪必映光必隙明必借暗則記[illegible]呼如此極矣然而君子又曰終夜不寢

必如孔子雞鳴而起必如大舜坐以待旦必如周公然則何時了已耶范甯曰君子之爲學也歿身而已矣

答溫彥姪書

叔銓告秋爽想與諸幼康健領字甚慰老抱昨辱贈別佳句如南朝欲相身方上北敵聞風骨已寒不敢當謹藏十萃以無忘蓼蕭數日前傳姪婦違和未的殊在慮叔比粗常唯侍立修史無暇奉訊脫然馳想不若是恝未閒力職愛厚

又

叔銓告寵寄佳篇如已聽恩波生茗椀更看皇澤下雞竿意味皆妙難甘不是唐工部竊効猶堪艷繡鞍似覺慊然何也近上庠諸俊有見訪者談吾姪不容口董子羽參入亦稱道不置一第直溷子耳何慊乎哉著鞍一來是望是望

文藻案澹菴文集

四庫全書所錄者乃浙江書局所採祇寫本六卷其副本尚藏汪氏振綺堂今借出與舊刊文集參

校多此三書爲刊本所未備謹録補

頌

後鄭山頌

猗歟鄭城層霄可摩視彼喬嶽亦云峨峨德則降神不知其他刻此頌焉與山不磨

月中桂頌

月中桂美曾君將折桂也

桂枝高高瞧瞧其華紅蘂披離少陵詩葩桂枝高高有蕡其實鶯峯子落秋半之夕桂枝高高其影亭亭仰天而攀我思少陵

文藻案頌二首亦從寫本文集六卷中錄補據刊本文集無頌一體今并增之

疏

修值夏街疏

修心莫如修路路若平即是心平安居須念安行行者穩自然居穩願資衆力共闢坦途

文藻案此亦從寫本文集六卷中錄出增補據刊本文集有值夏修廟疏此似即廟前街也

文集補遺卷一

墓誌

宋大理寺丞補授湖南參議弟從周墓誌

君姓胡諱鎬號方岡字從周銓從父弟也靖康丙午以春秋中國學通榜第十七名擢紹興乙丑劉辛榜進士第調新淦尉令素貪鄙不孫多厲鎬鎬不與較及終吏部使者劾其過檄尉羈留之鎬曰雖公禁奈何謂我快意宿辜也乃趣之行以前出境反命學士向子諲聞之歎曰胡尉乃能長者銓上封事高宗不當事金人言甚切直謫海外由是退居二十年後以

張忠獻浚薦當路亦始交章矣旣改秩除諸王宮教授樞密劉珙嘉其靜退謂當以中祕處之會珙出鎭不果遷大理寺簿閱歲丐外補授湖南參議官終朝列大夫賜緋魚袋銓與鎬同祖諱愷贈承務郎父諱汝明贈宣教郎母任氏羅氏俱贈安人生鎬兄弟有四鎬居二配陳氏封宜人繼劉氏封孺人生子五汲濤泗沔澥孫男十一棫杜汲出栩櫄檮濤出杭桂梗樻沔出槃欒澥出諸孤卜今月十七奉鎬柩葬白蓮堂祖塋右銓記大畧方以爲誌

文藻案寫本文集六卷中有此篇据刊本文集中有從周弟墓誌銘大畧與此同而詳畧節目各異此篇殆將作誌銘時手疏之畧節也刊本文集之例有銘者爲墓誌銘無銘者爲墓誌今仿其例補入墓誌類

文集補遺卷一

題跋

跋鄭亨仲樞密送邢晦詩

紹興丁巳公與銓同爲編修官密院戊午夏又同考較省闈訖事攝都司除殿中侍御史遷中執法冬金人以僞詔授我欲屈無隄之輿下拜以受從之公與銓力爭不可言頗訐上震怒詔褫銓爵投昭州公奮然曰吾嘗同僚決不使邦衡獨斥夜半與諫議大夫李誼宜言吏部尚書晏敦復景初戸部侍郎李彌遜似之向子諲伯恭禮部侍郎曾開天猷張九成子韶

對便坐引救上稍稍霽威右相秦檜參知政事孫近激公義亦即時入對乞從公等臺諫侍從請上賜可銓得釋謫廣州監鹽倉公又引大義折檜遂有量與錄用之請除銓簽書福唐幕辛酉到官壬戌秋閩帥程邁中銓以飛語復投嶺表己巳春新州張棣承廣帥王鐵風旨劾奏銓移海外未幾公自泗州宣撫被遣徙桂陽又徙封州亦坐鐵之譖也乙亥夏病不起銓方居海島愧不能效欒布與敞脂之收葬以報公恩抱恨千古丙子夏銓蒙恩徙衡戊寅冬公之婿郴

司戶邢晦德昭罷官過雁峯出示公遺墨讀之潸然出涕屬有悴亡之戚不克繼韻輒書舊所作楚詞於後蓋上以爲天下慟而下以哭其私也

山峨兮水深懷高風兮漭漸我襟無復若人兮青規黃閣康瓠登庸兮黃鐘攘却死者不可作兮云誰與歸謂斯文之不遭兮莫如我悲恭覽遺墨風雅具體彼羊質蒙臯比兮其穎有泚

文藻案此篇亦從寫本文集六卷中錄補末楚詞一首連類及之不復析出

文集補遺卷上終

文集補遺卷中目録

詩

句

句

和和靖八梅 三首

追和東坡雪詩

過三衢呈劉共父

句

禁直賜果

玉津園餞魏王

賞酴醾和東坡詩

句

文集補遺卷中　　仁和後學朱文藻輯錄

宋廬陵胡銓澹菴著

汝霖　隆造　盛諫　光熊　光廷

廷棟　禮宗　盛誨　盛柯　光烯

嗣裔　昶　宮梅　盛沙　鎮南　光烈編次

鼎需　學山　盛椿　光笏

一堅　盛梧　盛檍　鏡川　光筍

詩

到瓊州和李叅政

落網從前一念差崖州前定復何嗟萬山行盡逢黎母雙井渾疑似若邪行止非人十年夢廢興有命一浮家此行所得誠多矣更願從今泛北槎見方輿勝覽

貶朱崖行臨高道中買愁村古未有對馬上口占

北往長思聞喜縣南來怕入買愁村區區萬里天涯路野草荒煙正斷魂見方輿勝覽

文瀛案舊刊文集目錄有題買愁村而詩卷無之惟跋裴氏家譜中載此詩區區作崎嶇餘與

方輿勝覽同今析出增補又案荒煙四朝詩選作芳煙

題自畫瀟湘夜雨圖

一片瀟湘落筆端騷人千古帶愁看不堪秋著楓林港雨潤煙深夜釣寒見梅磵詩話

題畫扇

誰向生綃白團扇畫將羇客據征鞍南還萬里知前定壁上崖州莫怕看見陳郁詩腴

文藻案詩腴云胡澹菴於福州僉廳分扇得一

扇畫古木間一人騎驢向西南行及有新興之行方知爲先兆也今按詩有南還萬里之語似亦從崖州内徙作

登南恩望海臺

君恩寛逐客萬里聽歸來未上淩煙閣先登望海臺山爲翠浪涌湖拓碧天開目斷飛雲處終身愧老萊

見豫章詩話

文藻案豫章詩話云時孝宗登極起爲祕書少監將歸朝作据宋史本傳云孝宗卽位復奉議

郎知饒州召對除吏部郎官隆興元年遷祕書少監擢起居郎則歸朝時乃由知饒州召對尚未遷祕書少監也詩話與史微不同又案舊刊文集目錄有登望海臺一題而卷中無詩今補

句

盈尺子魚來丙穴一缾女酒敵新興見夷堅志

文藻案夷堅志云胡邦衡獲罪來福州黃思憲致子魚紅酒爲餉胡報以詩以子對女丙對新爲工新興酒閩人重之云云案新字从辛从析

故云丙對新爲工

句

君恩許歸此一醉旁有梨頰生微渦見鶴林玉露

文藻案鶴林玉露云胡澹菴十年貶海外北歸飲於湘潭胡氏園題詩云云謂侍伎黎倩也後朱文公見之題絶句云十年浮海一身輕歸對黎渦却有情世上無如人欲險幾人到此誤平生

和和靖八梅用汝南故事禁用體物字

暗裏尋香自不迷照室焉用夜燃臍欲危疎朶風吹老太瘦長條雨颭低孤豔幾時同把盞野香猶記助看題唐人未識高標在浪自紛紛說李蹊此首第三

當年曾見鳳城頭入骨貪看與未休小摘欲論千種恨微吟還喚一番愁每嫌俗物一作客熏心醉長願清馨滿世醽醲李倚風梨帶雨比方應合面騂羞此首第五

繡褁練帨照釵判霜竹寒松秀色并入詠格高凌太白千林地迥切西清著枝有味知深意歛屋無言似薄情日暮水邊容悵望渾如湘浦見皇英此首第六並見瀛奎

律髓

文藻案瀛奎律髓云和靖八梅非一日而成有思亦且有力澹菴和之欲一舉而成則不容不竭思而加力此中大有佳語故和八篇用東坡雪詩聲色氣味富貴勢力賦之以多不取又案舊刊文集只載五首而標題删去八梅今補其佚

追和東坡雪詩

爲瑞應便種麥芽餘光猶得映書車也知一臘要三

白故作六㚐先百花授簡才慳慚賦客披蓑句好憶漁家擬沽斗酒聽琴操三百青銅落畫义見瀛奎律髓

文藻案瀛奎律髓云種麥芽三字好光映書車已强押矣三白百花亦熟料披蓑句好憶漁家犯坡已道末句三百青銅落畫义引爲酤酒事則可矣第二首當時號令君聽取白戰無須帶步义亦恐太僻唯暗氈使者莫思家一句佳第三首梁園高會憶鄒嚴亦奇千里蓴羹未下鹽則恐不切于雪中有羈孤濕帽尖亦壓不倒看

來十分好詩在前似不當和也又案瀛奎律髓標題下原注云三首取一今先補一首餘俟攷

過三衢呈劉共父

別離如許每引領邂逅幾何還著鞭微服過宋我何敢大國賜秦公不然衰鬢彫零已了後高名舉律方丁年卬看手握天下砥山中宰相從雲眠元注云予自兵侍罷歸從三衢城外遵陸以兩夫肩籃輿太守劉共父謂予云兩夫肩輿甚似微服過宋因作此戲簡效吳體見瀛奎律髓

文藻案瀛奎律髓云澹菴名銓字邦衡上書乞

斬秦檜坐謫嶺外及海外二十餘年檜死乃移衡州孝廟時始召用至從官平生所作精覈效吳體者甚多

句

閣下大書三姓在海南惟見兩翁還見省齋文集

文藻案周必大省齋文集撰胡泳墓誌銘云初秦丞相揭先生及李參政光趙丞相鼎姓名於格天閣趙丞相前薨至是秦相死先生與李公皆內徙先生賦詩云云

禁直賜果

禁廟諱裝成寶纓絡，冰盤剪出水晶鹽。傳呼天上好消息，玉果新頒出御奩。見咸淳臨安志

文藻案：禁字下當是樹字，今從朱刻臨安志原本。

玉津園餞魏王

餞行朱邸帝城春，隨例顛忙宴玉津。報國獨勞千一慮，鈞天同聽十三人。金卮宣勸君恩重，花露溯愁醉夢眞。却憶故山猿鶴在，便思投劾乞其身。見咸淳臨安志

文集補遺卷中終

文集補遺卷下目錄

詞

又

朝中措

采桑子

臨江仙

如夢令

玉樓春

清平樂

青玉案

句

文集補遺卷下

仁和後學朱文藻輯錄

宋廬陵胡銓澹菴著

廷楝　一堅　廷幹　鎮南　光燕

鼎顯　盛海　盛槐　盛楝　光簪

嗣裔　昶　宫梅　盛謙　盛梅　光烈編次

鼎霈　應鈞　盛本　盛祿　光烯

汝霖　學山　毓秀　光薰　光誼

詞

浣溪沙

忽忽春歸没計遮。百年都似散餘霞。持杯聊聽浣溪沙。但覺瘖添雙鬢雪。不知落盡一番花。東風寒似夜來些。

轉調定風波 和答海南統領陳康時

從古將軍自有眞。引杯看劍坐生春。擾擾介鱗何足掃。談笑。綸巾羽扇典型新。試問天山何日定。佇聽。雅歌長嘯静邊塵。解道汾陽是人傑。見說。如今也有謫仙人。

菩薩蠻 辛未七夕戲答張慶符

銀河牛女年年渡相逢未款還憂去珠斗欲闌干盈盈一水間　玉人偷拜月苦恨匆匆别此意願天憐今宵長似年

減字木蘭花　慶符引赦自便已脱去至東界又遭郡中勾回遂有弄璋之喜慶符云嘗夢舅氏如夢鹵也予嘗占慶符當弄瓦賭主人慶符來督故詞中具之

渭陽佳夢瓦變成璋眞妙弄不是勾回湯餅寃家喚得來　不分利市要我開尊眞倒置試問坡翁此事如何著得儂

醉落魄　辛未九月望和答慶符

百年强半高秋，猶在天南畔。幽懷已被黄花亂，更恨銀蟾故向愁人滿。招呼詩酒顛狂伴，羽觴到手判無算。浩歌箕踞巾聊岸，酒欲醒時興在盧仝盌。

又

和答陳景衞望湖樓見憶

千巖競秀西湖好，是春時候，誰知梅雪飄零久，藏白收香，空袖和羹手。天涯萬里情難逗，眉峯豈爲傷春皺。片愁未信有能繡，若說相思，只恐天應瘦。

鷓鴣天

癸酉吉陽用山谷韻

夢遶松江屬玉飛，秋風蓴美更鱸肥。不因入海求詩

何萬里投荒亦豈宜　青箬笠綠荷衣斜風細雨也須歸崖州險似風波海海裏風波有定時

又　和陳景衡憶西湖

一憶西湖太瘦生十年不到夢曾行空濛山色煙霏晩淡淹湖光霧縠輕　芳草遠暮雲平雨餘空翠入簾明夢回一餉難存濟這錯都因自打成

朝中措　黄守座上用六一先生韻

崖州何有水連空人在浪花中月嶼一聲橫竹雲帆萬里雄風　多情太守三千珠履二肆歌鐘日下郎

歸黄霸海南長想文翁

采桑子 甲戌和陳景衡韻

山浮海上青螺遠泱背歸鴻閒倚東風叠叠曾雲欲蕩胷　弄琴細寫清江引一洗愁容木杪黄封賢聖都堪日日中

臨江仙 和陳景衡憶梅

我與梅花眞莫逆别來長恐因循幾年不見嶺頭春栩然蝴蝶夢魂夢竟非眞　淚藥浮花空滿眼愁眉不展長顰此君還似不羈人月邊風口伴千里淡相

親

如夢令

誰念新州人老幾度斜陽芳草眼雨欲晴時梅雨故來相惱休惱休惱今歲荔支能好

玉樓春 贈李都監侍兒是夕歌六么

十年目斷鯨波濶萬里相逢歌怨咽髻鬟春霧翠微重眉黛秋山烟雨抹　小槽旋滴眞珠滑斷送一生花十八醉中扶上木腸兒酒醒夢囘空對月

清平樂 和曾檢法海棠

深深花院雨虐風饕遍只欠畫屏并羽扇誰領略春風面　愁須詩酒相禁少陵底事慵吟不是爲梅牽興怕渠惱亂春心王介甫梅詩云少陵爲爾牽詩興可是無心賦海棠故云

青玉案　乙酉重九葛守座上作

宜霜開盡秋光老感節物愁多少塵世難逢開口笑滿林風雨一江煙水颯爽驚吹帽　玉堂金馬何須道且闘取尊前玉山倒燕寢香清官事了紫萸黄菊皁羅紅袂花與人俱好並見舊鈔本

文藻案已上詞十五闋見舊鈔本其書一冊詞

凡四家陳允平衡仲西麓繼周集陳亮同甫龍川詞程大昌泰之文簡公詞及先生之作合爲一編有印曰休陽汪氏裘杼樓藏書記曰碧巢秘笈定本久爲鮑氏知不足齋所藏今從其借錄書無序跋可攷不知其全部者何名也先生詞卷首第一行題曰澹菴長短句下注云缺前十一葉此不知從何本傳鈔致缺葉之多若此使其可攷則十一葉當得四十餘闋顧不快歟

句

欲駕巾車歸去有豺狼當轍見瀛奎律髓

文藻案瀛奎律髓云紹興十八年新州編管人胡銓移吉陽軍編管先是廣東經畧使王鈇問知新州張棣曰胡銓何故未過海銓嘗賦詞云云棣奏銓倡和毀謗而有是命棣選使臣游崇部封送小須洞過海銓徒步赴貶人皆憐之至雷州守臣王趯捕游崇私著械治厚餉銓趯後亦得罪

文集補遺卷下終

金陵全書

丁編·文獻類

文集附録

（清）朱文藻 辑録

南京出版傳媒集團
南京出版社

文集附録

文集附録卷上

仁和後學朱文藻輯録

宋故資政殿學士朝議大夫致仕廬陵郡開國侯食邑一千五百戸食實封一百戸賜紫金魚袋贈通議大夫胡公行狀　楊萬里

曾祖璉不仕

曾祖母夫人康氏劉氏

祖愷贈承務郎

祖母張氏封孺人

父戴累贈太中大夫

母陳氏張氏所生母曾氏俱贈淑人

公姓胡諱銓字邦衡其先金陵人五季避地廬陵祖愷未仕而殁贈承務郎父載累贈太中大夫母陳氏張氏所生母曾氏俱贈淑人皆以公惟祖母張氏以百歲封孺人云太中氣慷慨以試有司無遇卽棄去

公自幼超詣絶世强於記覽有質以古書者必曰是出某書某卷驗之而信年二十入太學試文淨不加點博士驚異建炎二年上皇策士於維揚初擢公第一有媢其直者竟第三授文林郎撫州軍事判官未

上昭慈聖獻皇太后避敵於虔州敵踵至公哀盱爲兵與[illegible]撫州太守張循軍合遏其衝敵退論功轉承直郎權吉州軍事判官時羣盜四起守臣張中彥檄公督別將趙之儀捕之覘者請夜襲之公不可曰賊掠民自從將毋俱焚遲明賊遁掠者得釋未幾丁太中憂除喪與兄蓬山居士鑄築精舍於里之洞巖從名儒蕭楚讀書力學冥搜治亂安危根株或勉之仕不答紹興五年忠獻魏國張公浚都督諸路兵辟公提舉荆湖北路常平茶鹽司幹辦公事故事

荆湖南路提點刑獄司幹辦公事多赴都堂審察兵部尚書呂祉以賢良方正直言極諫科薦賜對便殿公論持勝及納諫及虔寇及營田事上曰營田孰優對曰田制邈矣三代曰井春秋之晉曰爰秦之商君曰轅漢之晁錯曰屯趙過曰代充國曰營眞宗用耿望之計于是乎治屯田仁宗用歐陽修之議于是乎建營田無弊法有弊吏今募民營田官給之牛具貸之種矣然湖之南土牛之所生市之以出鄉則無全牛降之嘉種官有其費强之於吏手則無實惠上曰

善當改之改通直郎樞密院編修官七年十一月宰相秦檜決策曁金人平王倫誘致金使以僞詔來責禮異甚中外洶洶公獨奏封事其畧曰臣謹按王倫本一狎邪小人市井無頼宰相無識舉以使金誘致金使以詔諭江南爲名是欲臣妾我也是欲劉豫我也豫臣金人南面稱王自以爲子孫帝王萬世之業一旦豺狼改慮捽而縛之父子被禽商鑒不遠倫又欲陛下効之夫天下者祖宗之天下也陛下所居之位祖宗之位也奈何以祖宗之天下爲仇敵之天下

以祖宗之位爲仇敵藩臣之位陛下一屈膝則廟社盡受敵制赤子盡爲敵有宰執盡爲陪臣異時豺狼無厭之求安知不劉豫我哉夫三尺童子至無知也指犬豕而使之拜則怫然怒今堂堂天朝相率而拜犬豕曾童孺之所羞而陛下忍爲之耶倫之議乃曰我一屈膝梓宮可還太后可復淵聖可歸中原可得嗚呼自變故以來主和議者誰不以此啗陛下然而卒無一驗是敵之情僞已可知矣而陛下尚不覺悟竭民膏血而不恤忘國大仇而不報含垢忍恥舉天

下而臣之甘心焉就令金決可和盡如倫議天下後
世謂陛下何如主况金人變詐百出而倫又以姦邪
濟之梓宫決不可還太后決不可復淵聖決不可歸
中原決不可得此膝一屈不可復伸國勢陵替不可
復振可爲痛哭流涕長太息也向者陛下閒關海道
危如累卵當時尚不肯北面稱臣况今國勢稍張諸
將盡鋭士卒思奮只如頃者邊騎陸梁僞豫入寇固
甞敗之襄陽敗之淮上敗之渦口敗之淮陰校之蹈
海之危巳萬萬矣儻不得巳而用兵我豈遽出敵人

下哉今無故而臣之欲屈萬乘之尊下穹廬之拜三軍之士不戰而氣亦索此魯仲連所以義不帝秦非惜夫帝秦之虚名惜夫天下大勢有所不可也今内而百官外而軍民萬口一談皆欲食倫之肉謗議洶洶陛下不聞正恐一旦變詐禍且不測臣竊謂不斬王倫國之存亡未可知也雖然倫不足道也秦檜以腹心大臣而亦爲之孔子曰微管仲吾其被髮左衽矣夫管仲伯者之佐耳尚能變左衽之區爲衣冠之會秦檜大國之相也反驅衣冠之俗爲左衽之鄕則

檜也不惟陛下之罪人實管仲之罪人矣孫近附會
檜議遂得參知政事檜曰金可講和近亦曰可和檜
曰天子當拜近亦曰當拜嗚呼參贊大政充位如此
有如敵騎長驅能折衝禦侮耶臣謂檜亦可斬也區
區之心願斬三人頭竿之藁街然後羈留金使責以
無禮徐興問罪之師則三軍之士不戰而氣自銳不
然臣有赴東海而死耳寧能處小朝廷求活耶書
奏除名編管昭州時侍御史鄭光中諫議大夫李誼
吏部尚書晏敦復給事中龍如淵戶部侍郎李彌遜

向子諲禮部侍郎張九成倶入對引救檜廹公議亦僞爲救公者謫監廣州都鹽倉改簽書威武軍判官事於是寺丞陳剛中以牋賀公曰屈膝請和知廟堂禦侮之無策張膽論事喜樞庭經遠之有人又曰知無不言願請上方之劍不遇故去聊乘下澤之車陳坐是謫知虔州安遠縣死焉二十年御史中丞羅汝楫彈公本以奉議郎除名謫新州同郡王庭珪以詩贈行有癡兒不了公家事男子要爲天下奇之句爲歐陽識所告王坐貶辰州新州太守張棣告公訕上

再謫吉陽軍時有觀察某上書乞侍公行不報張棣擇一牙校遊崇者送公至半途臨大江崇拔劍而前公色不動徐曰棣書謂送某至吉陽者賞爾不受賞乎崇笑而止至朱崖或諗公以有後命家人爲慟公方著書怡然也吉陽士多執經受業者凡經坯冶皆爲良士初吉陽貢士未嘗試禮部公勉之行及位於朝乃請廣西五至禮部者乞不限年與推恩自是仕者相踵聞母會之喪一慟幾絶勺飲溢米二日不歠鬚髮盡白見者出涕先是檜大書丞相趙公鼎參政

李公光及公姓名於格天閣孟晉者爭以公爲梯監察御史田如鼇獻書乞斬公檜抵之地光坐移書於公再貶儋耳武　運通判方疇以致書議姻遂下若盧二十六年檜卒公量移衡州三十一年正月公與忠獻公偕命自便時忠獻謫零陵公自衡造焉館於讀易堂忠獻從容謂公曰秦太師顓柄二十年成就邦衡一人耳今上卽位首復公官除知饒州召至行在所卽日賜對上溫顔曰久聞卿直諒公首論爲國以禮又論今日之事在修德以結民心固吾圉練兵

選將以觀釁待其衰上嘉納除吏部郎遷秘書少監
又遷起居郎論史官失職有謂記注不必進呈使史
官無諱史官當立於御座之前庶幾言動皆得以書
今之史官後殿立而前殿不立請前後殿皆立左右
史奏事請令直前不必預白閤門及以有無班次爲
拘許之自是史職盡復祖宗之舊制公請遷都建康
謂漢高入關中光武守信都大抵與人鬬不搤其吭
拊其背未能全勝今日大勢自淮以北則天下之吭
背也建康則搤之拊之之地也若進據建康下臨中

原此高光興王之計也況今西北欲歸之人如漢氏之君漢苟不移蹕何以繫其心詔議行幸言者請紓其期遂止隆興元年六月忠獻張公自建康入奏圖恢復計侍御史王十朋力贊之于是忠獻公督師進討金人既克宿州以大將李顯忠欲其金幣且與邵宏淵私憤復敗於金上憂甚十朋亦自劾上愈怒公言近者淮上之衂蓋天以是厲陛下之志使動心忍性增所不能願益强其志毋以小衂自沮蒐乘補卒期於身濟大業時宿州之師賞罰衡決言宿州之敗

誤國之將厚賂權貴游說自解安處善地誅戮不加禍亂之漸間不容髮願毋忽兼侍講及國史院編修官因講禮記進序篇其畧曰君以禮爲重禮以分爲重分以名爲重名以器爲重願陛下辨其分謹其名守其器勿輕假人七月上以旱蝗星變詔問闕政公請勿徼福於佛老之教而躬行周宣憂旱之誠戒監司守令有貪殘者必罰是應天以實公因論納諫曰今朝廷之士以箝默爲賢容悅爲忠道路相傳近日臺諫論事朝廷謂之爲賣直臣未知信否夫賣直之

言唐德宗之言也德宗猜忌謂姜公輔爲賣直此言一出忠臣結舌馴致與元之變所謂一言喪邦者也願陛下以德宗爲戒以太祖皇帝欲拜昌言爲法上曰非卿不聞此九月金人更求成大臣欲從之公奏曰金知陛下鋭意興復移書請和非甘言誘我即詭計緩我爾願鑒前車之覆益修守備益張吾軍上曰朕有二說斷然不移一則中原歸附之人決不可遣二則中外名分決不可亂又曰邊事倚張魏公乃對曰陛下至誠如此何憂彊敵願持之以不懈絶曰不

言和字上曰卿忠直如此朕甚喜兼權中書舍人公
遜於右史馬騏上曰無以易卿又言恐駁事不勝任
上曰責當以理遂就職進兼同修國史有旨以中人
李綿等常與典發軍書無誤各進名一列公不奉詔
綿等泣訴上曰胡銓不肯經筵講禮記至愛而知其
惡憎而知其善公曰愛而知其惡必棄之勿疑憎而
知其善必任之不貳上稱善聖壽明慈皇后改稱教
旨爲聖旨公言易曰大哉乾元至哉坤元蓋天地之
位不可並故以大哉至哉爲别陛下雖奉親盡孝而

光堯與壽聖難以並稱聖旨上嘉納謂樞密洪遵曰奉親之過朕嘗自受張栻召對賜三品服公言君子愛人以德今賜栻服章非愛之以德也其父浚決不肯使人輕受栻亦有守決不肯輕妄而受恐或議浚非全浚也十一月上以和金之利病遣使之可否禮文之後先土疆之取予下廷臣雜議公議曰國家與金人講解覆轍亦可睹矣京都失守自耿南仲主和二聖播遷自何㮚主和維揚失守自汪伯彥黄潛善主和完顏亮之變自秦檜主和國家權干戈之禍何

嘗不以和哉議者乃曰賜與之和而陰爲之備外雖和而内不忘戰此又向來權臣欺君誤國之言也一溺於和則上下偷生將士解體終身不能自振尙安戰乎大臣見之相顧失色於是益忌公且欲奪魏公兵柄公復沮其議除宗正少卿公請補外不允嘗遞宿玉堂上問曰金人汲汲欲和聞其窘甚對曰近有自淮甸來者云金人聞陛下力任張浚所以汲汲欲和臣願陛下委任勿疑則恢復可必上曰善公又申前請上曰卿久在瘴鄉而畧無瘴色天祐直諒卿未

宜去兼國子祭酒因見公言往年睿旨欲移蹕建康
不可但已上曰澶淵之役當時有勸幸蜀及江南惟
寇萊公決策公曰今張魏公陛下之萊公也願早定
計上曰善卿直諒四海莫不聞不可言去且留經筵
事無大小皆以告朕公言晉開運之末有陳友者殺
李遴之父國初遴遇友於途殺之而自言鞫之得失
太祖壯而釋之臣願陛下堅復仇之志以不忘太祖
之訓上在講筵謂公曰卿之學術士所甚服因及此
曰文士如蘇軾黄庭堅者誰與對曰太上時如陳與

義呂本中皆宗師道者上曰如韓駒徐俯皆有詩名卿可廣訪其人退而乃薦王庭珪朱熹楊萬里周必正弟鎬循子昌齡籍云除兵部侍郎公言受降古所難六朝七得河南之地不旋踵而皆失在梁武時侯景以河南來奔未幾而陷臺城在宣政間郭藥師自燕雲來降未幾而爲中國患今敵中三大將內附高其爵祿優其部曲以繫中原之心善矣然處之近地萬一包藏禍心或爲內應後將噬臍願勿任以兵柄遷其衆於湖廣耕種以絶後患時有國學生獻書闕

下乞用福國陳公康伯及公爲腹心者七十有七人
二年八月上以災異數見避殿減膳詔廷臣各陳闕
政而及急務公言禹有九年之水而國無捐瘠備先
具也今數路水潦曾不踰時而民已浮殍無備甚矣
願詔遭水之處博施振邺使民被實惠無至流徙此
先務也陛下又令條陳闕失臣謂今之闕失孰有大
於和議者因陳和議可痛哭者十上太息公言自靖
康至今凡四十年金未嘗不由詭道而我終不悟也
竊聞道路之言金緩我以和實潛師以伺我或言多

作戈船由海道以進或言實粟塞下由間道以來願
陛下堅守和不可成之名力修政事十年生聚十年
教訓如越之圖吳則社稷幸甚進兼侍讀因進讀寶
訓至食乞習射奏曰邊人易以兵制難以信結願陛
下謹守此言上曰文武豈可偏廢又讀眞宗顧李宗
諤曰聞卿至孝能保宗族朕守二聖基業亦猶卿之
守門戶公奏曰唐柳玭云積累如登天覆墜如燎毛
祖宗基業誠不易守上稱善公言側聞金人欲議書
禮有所增損議者謂末節不必較臣竊以爲議者可

斬也四郊多壘卿大夫之辱楚子問鼎義士恥之故獻納二字富弼以死爭之今敵騎横行與多壘孰辱國號大小與問鼎輕重孰恥獻納二字與再拜孰重臣子爭于君父君父屈已從之是多壘不足辱問鼎不足恥獻納不足爭也臣願陛下絶和議以鼓戰士左氏謂無勇婦人臣謂今日舉朝之士皆婦人也十一月以邊鄙有釁詔改北郊用來年正陽之月大雩之辰公參稽禮經及國朝故事陳不可者一宰相湯思退參政王之望等堅主和議遂罷張魏公兵柄公

又力爭之于是大臣皆不悦遂除措置浙西道淮東海道使詔趣行以二日爲期公即辭行曰臣願陛下先絶和議上曰要盡其在我者時金寇及境號八十萬聲動輦轂下自維揚海陵連數郡望風棄城高郵太守陳敏與敵相拒於射陽湖水軍師李寶屯江陰詔寶條陳舟師及扼守要害白海海公使公檄寶發兵援敏寶不行公奏曰臣受詔令范榮備淮李寶備江緩急則更相援今寶逗遛違詔坐視敏之孤臣恐射陽失守則大勢去矣上以命寶公又遺書切責之

寶乃發兵渡淮與敏相犄角敵一夕退時天大雪河冰皆合舟車不能進公先使軍搥冰士皆奮詔罷兵而時相亦斥死除提舉江州太平興國宮加集英殿修撰知漳州改泉州入見言郡邑害民之大者三上曰每思卿直諒朕恢復之志已決今金人土木不息旱乾相仍機不可失對曰陛下嘗許臣以誓不與金和何爲中變又謂臣決移蹕建康何爲中輟上曰以民之不易少須又曰在廷大半腐儒卿不可去一日秘書郎張淵對遐德上因數不詭隨者云猶有胡

銓一人在除在京宮觀兼侍講公論前古未有不由講學而興滅學而亡精兵百萬不如道德之威被練三千不敵忠信之冑陛下之意端在於是上稱善除權工部侍郎以修史書成轉承議郎因見上曰屬已得契丹要領卿觀朕施設公言少康以一旅復禹跡今陛下富有四海而非特一旅而卽位九年復禹之效尚未赫然又言四方多水旱乃者乙酉之歲修門之外斗米易一婦女小兒半之左右不以告此誤國者之過也宜令有司速爲先備尋工部爲眞公辭焉

詔曰汲黯在漢謀寢淮南隨會仕晉盜奔秦境卿其奚辭賜對衣金帶封廬陵縣開國男食邑三百户令參政周公必大視草以御扎歸公令藏於家公嘗燕見言初元經筵之臣七人惟臣獨在臣老矣願乞身歸田里上曰卿忠孝有物護持且留觀朕恢復立皇太子公請飭太子賓僚朝夕勸講上曰三代長且久者由輔導太子得人所致末世國祚所不永或七八年或五六年或三四年皆由輔導不得其人所致對曰誠如聖訓公力乞致仕除寶文閣待制與外祠既

出都門有旨復畱改佑神觀兼侍讀公辭不得請於經筵講罷復申前請上曰卿大節可嘉朕不忍令卿去因論納諫公曰從諫人主之高致陛下自登大位虛懷受言中外翕然咸謂恢復之期指日可冀然靡不有初鮮克有終光武之殺劉洎終之實難詔舉堪刑獄錢穀及有智略吏能各二人公以張敦實呂永周必達李發劉之柄應書言者謂舉李發劉之柄非是公坐貶秩二等三求去上不得已從之除敷文閣直學士與外祠辭行言於上曰願陛下規恢遠圖任

賢除邪理財訓兵憐寡恤孤然後布告中外必報國仇必歸陵寢必復故疆以副太上付託上曰朕志也又問卿今何歸對曰廬陵又賜通天犀帶又曰臣在嶺海無所用心妄意經學三十年粗能訓傳上曰卿可進來既歸詔趣之遂表進易春秋周禮禮記解命藏之秘書省復奉議郎除龍圖閣學士提舉江州太平興國宮制有身蹈東海獨仲連不欲帝秦名重太山微相如何以强趙之語光堯天聖七十慶壽湛恩轉朝奉郎進封開國伯益邑三百戸公復乞致仕優

詔不許除端明殿學士明堂合祭禮成復增邑戸三百實封百戸淳熙六年十一月召赴行在所公辭焉復力乞致仕不許公遂引疾轉朝議大夫提舉江州太平興國宫遂稱篤且極陳時病五事上察公志不可奪乃加資政殿學士致仕明年夏五月疾革薨於庚辰日不及家事惟命諸子口授遺表有死爲鬼以厲賊之語奏聞特贈通議大夫年七十有九諸孤卜於是歲十月丙午葬於廬陵縣之儒行鄉松山原祖承務府君塋之右公明德峻極敵絶敬畏丞相洪公

适逑其先忠宣公北庭事云皇太后以書歸曰胡銓
封事此事有之知中國有人益生懼心公以利不苟
取初欽祖既祥及册隆興皇后公以職將事皆賜金
帛再辭必得請乃已使海道日賜金十鎰既歸或恭
之以理生業者悉以賙親友之貧而其於君賜尚爾
故没齒九疇不益一晦遂於禮樂冠婚喪祭式禮迂
叟佛老梵唄焚紙爲錢一切剗礎四仲享先設醴分
膰坐客百人州閭耆老不問貧賤挹鄺必躬投壺賦
詩雜以琴奕往往申旦睦族篤親慶弔必詣寒暑風

雨不爲回車居新興時嘗名其室曰澹菴取賈生澹若深淵之意晩自號澹菴老人云公居無事時下心拱手言恐傷人獨論國事勁氣正色貫日襲月奮以直前不怵不惕不疚不忒大節揭揭細行斬斬動容出詞見者起敬長身玉立望之山如卽之春如其爲文章駿奔軋忽幽紛轇轕隱帙奇字旁樞遠擿初佔之者口呿語難徐綜其緯理順脉屬似肆實莊若險實夷韓碑柳騷婉高麗浼中興以來作者寡二筆畫眞隸上規顏蔡鐵屈石出肖其作人飯不重肉一製

十稔而豆區飢民棺殮道殣退省其橐屢空不贏惟太中公不貨於番縣德之植公實儀之蓬山旣逝公字其子歲在癸巳潚以公任孝友惟祇忠義惟幹俊茂碩人豈一朝夕公有澹菴文集一百卷周易拾遺十卷書解四卷春秋集善三十卷周官解十二卷禮記解三十卷經筵二禮講義一卷奏議六卷學禮編三卷詩話二卷活國本草三卷娶劉氏贈淑人先公卒中散大夫荆湖南路提點刑獄敏才之女子男五人泳承務郎監江東淮泗總領軍馬錢糧所太平惠

民局兼行宫雜賣場淳熙二年卒于官參政周公哀而銘之瀣承事郎監潭州南嶽廟浹濤皆承務郎沖未命女五人適南昌嚴萬金福唐葉昌嗣上饒方自厚承務郎贛州興國縣丞王宗孟將仕郎王臧孫男六人㮚榘榿杙杋槽孫女四人長曰相孫夭餘皆幼萬里與公同郡常從學公將窆萬里以繫嶺表不得築室于場瀣走書二千里以公猶子承務郎致仕昌齡所述公之言行託萬里論次將乞銘於參政周公萬里敬慟哭而書之謹狀

淳熙七年九月日門人朝奉郎提舉廣南東路常平茶鹽公事楊萬里狀見誠齋集

文集附録卷上終

文集附錄卷中

資政殿學士贈通奉大夫胡忠簡公神道碑

周必大

武王一戎衣而定天下應天順人之舉也義士猶或非之孔孟實取焉爲萬世計也紹興和議高皇有不得已者矣兩宫未歸母后春秋已高故與大臣決策從權中外議論雖洶洶顧無敢極陳於上前者獨樞密院編修官胡公銓上書數千言援大義而伸之大略謂王倫誘致金使欲劉豫我秦檜腹心大臣尊陛

下爲石晉孫近傅會遂參政事願竿三人頭羈置金使興問罪之師時八年十一月也辛亥有旨銓書凶悖劫持其削籍流昭州仍降詔布告中外是日檜近惶恐待罪明日又請收責命不許則乞從末減十二月王倫亦再上章自劾而六曹長貳給舍臺諫自晏景初而下多有救解者乃改監廣州都鹽倉明年正月宰執復奏銓書專詆臣等前和議未諧不敢固請以疑羣心議今已定宜稍甄敘乙酉遂改簽書威武軍節度判官所公事十一年六月之官十二年七月

諫大夫羅汝楫劾公益唱前說用欺羣聽復除名勒停編管新州十八年十一月郡守張棣奏公與客唱酬毀謗怨望移吉陽軍時大臣專國柄小人觀望迎合必欲置公死地賴天子獨保全之二十五年冬秦丞相薨乃得歸某竊惟人臣犯顏逆耳上攖人主之怒下爲權臣切齒或誅或斥何可勝數未有九重持申詔諭二府矯情屢請禁近引誼捄正曾不四旬謫命三改如朝廷此舉之盛者當是時一胡編修名震天下勇者服怯者奮朝士陳剛中以言餞行至云屈

膝請和廟堂無策張臚論事樞廷有人貶令安遠之死靡憾鄉人王庭珪嘗賦姦諛臚落之詩竄徙夜郎反以爲榮下至武夫悍卒遐方裔士莫不傳誦其書樂道其姓字爭願識面雖北庭亦固知中國之不可輕葢天理所存自公達之人心所憤自公發之扶世垂教非聖朝之伯夷耶孔孟而在其大書而特書也必矣胡氏本金陵人五季徙廬陵公字邦衡曾祖璉妣唐氏劉氏祖愷贈承務郎妣孺人張氏父載有氣節一試有司不中卽棄去轉太中大夫母陳氏張氏

所生母曾氏俱贈淑人公幼不羣强記博覽年二十試太學文不加點建炎二年廷對行在所考官初以冠多士或畏其切直寘第五授左文林郎撫州軍事判官未上隆祐太后避敵上贛敵師隨之公以發運司檄攝本州幕官率鄉丁佐官軍捍止第賞轉承直郎就權判官尋丁父憂服除與兄鑄從鄉先生蕭楚講春秋學無仕進意紹興五年張忠獻公都督諸路軍馬辟湖北常平茶鹽司幹辦公事親嫌易湖南提點刑獄司俱未行召赴都堂審察七年兵部尚書吕

祉以賢良方正薦四月賜對改左通直郎畱爲樞屬後二年赴福州纔一年踰嶠又六年過海守隸驅公使步往又諭送吏侵公公不爲動吏無所肆其毒旣抵珠崖著書怡然不以死生介意士執經從學多可觀預貢者相繼赴南宮其後公還朝復請五至省者試勿限年推恩自是海島頗有仕宦者閱七年始量移衡州又數年乃許自便三十二年壽皇卽位復左奉議郎知饒州十二月入對乞修德結民練兵觀敵釁上曰久聞卿直諒拜吏部尚書左郎官隆興元年

正月遷秘書少監四月擢起居郎兼侍講國史編修官論記注不應進稾前後殿皆當侍立遇直前毋白閤門毋隔班次又請移都金陵時督府北伐克宿州大將軍李顯忠邵宏淵敗歸公勸上毋以小衄自沮七月旱蝗星變求直言公請勿徼福佛老躬行周宣王政事罰監司守令之貪殘者其論納諫曰今廷臣以箝默爲賢容悅爲忠反謂臺諫論事爲賣直此德宗疑姜公輔之語也馴致興元之幸所謂一言喪邦者上曰非卿不聞此金人再求和公曰敵知陛下銳

意恢復故以甘言詭計欵我願絶口不言和字上歎
其忠直侍郎王之望侍御史尹穡皆主和排忠獻公
公廷責之聞者稱快兼權中書舍人特升同修國史
公雖與忠獻善及其子栻賜金紫則謂不當如待勳
臣子纔奏之太上皇后改稱教旨爲聖旨公奏大哉
乾元至哉坤元今乃一之將如太上皇帝何上曰奉
親之過朕當自受十一月詔以和議利病遣使可否
禮文後先出疆取予大詢禁近或勸公從衆公奮曰
有斷頭將軍無降將軍乃上奏曰京師失守自耿南

仲主和靖康播遷自何㮚主和維揚失守自汪伯彦黄潛善主和完顔之變自秦檜主和議者乃曰外雖和內不忘戰此又向來權臣誤國之言也一溺於和將士解體尙能戰乎執政讀之失色令中貴人推金字牌賞越舊制公索成法將論之俄與宗正少卿何修兩易其官公未出省吏白新舍人至公叱曰命汝取成法何遲也吏懼探懷出之公亟具奏乃減卽索馬去上尋悟中傷之由請外勿聽獨以侍講夜對上曰金急欲和其勢甚蹶公乞力任張浚恢復可必因

再求去上曰卿直諒四海所知且留經筵事無大小皆以告朕二年二月兼權國子祭酒六月除權兵部侍郎八月上以災異避殿減膳詔廷臣言闕政急務公以振恤爲先務議和爲闕失于是太學生七十七人同上書請再相陳康伯用胡某爲腹心進兼侍讀金人議國書未合或謂末節不必較公曰富弼以死爭獻納二字今欲君父屈辭下敵國愧弼多矣上韙其言十一月以邊事改卜郊公言不可者十又大臣主和益堅公爭之力以本職措置浙西淮東海道命

下卽趣行時敵寇深入號八十萬淮東郡縣望風退避高郵守陳敏拒之射陽湖而大將李寶駐師江陰不肯援公檄寶出師寶先嘗取密詔爲自安計公劾奏曰臣受詔令范榮備淮李寶備江緩急更相援今寶視敏勿救若射陽湖失守大事去矣寶懼與敏椅角退金兵時大雪河凍公親斸冰濟舟師人以用命初公與尹穡同出使穡使浙東置家於安公使江淮蓋受敵之地攜孥北行實安衆心言者乃併指爲罪閏十一月與穡俱罷久之提舉江州太平興國宮乾

道五年冬上語諫臣平時思得節誼之士時奏公中興初𠮟鄉兵遏敵事上雅知公陳虞二丞相復薦之遂除集英殿修撰赴知潭州未赴六年春改泉州輒趣令奏事上曰每思卿直諒今朕恢復之志已決公曰陛下嘗欲移蹕金陵何爲中輟上曰以民之不易少須耳留爲在京宮觀兼侍講閏五月除權工部侍郎論前修史功進官一等十一月眞拜侍郎公言初元經筵七人老臣獨在願乞身歸田里上曰卿忠孝神物護持且留觀朕恢復同載大梁或恳公敢言擿

細故雜他朝士併撼公冀不得獨留公自以年逾七十遂求致仕詔除寶文閣待制在外宮觀七年三月也未數日特留提舉佑神觀侍講如故上曰卿大節可嘉朕不忍令卿去未幾受詔舉堪任刑獄錢穀及智畧吏能各二人言者又謂公所舉非其人貶秩二等公知不容復求去進敷文閣直學士再提舉興國宮特許陛辭公奏願陛下任賢黜邪理財訓兵遠鰥恤孤必報國讎必歸陵寢必復故疆上曰朕志也又問卿今何歸公曰臣向在嶺海嘗訓傳諸經今歸廬

陵將成此書特賜通天犀帶以寵之公既歸上趣所進書遂上易春秋二禮解詔藏秘書省尋復元官淳熙二年上思公不置諭大臣令進職初擬稍遷上特升十等遂爲龍圖閣學士前此未有也太上慶七十獨公以前朝龍飛甲科遷朝奉郎祠滿又納祿上令因任近臣有言秦檜時臣僚被貶斥者後皆還其所歷歲月惟胡某爲議郎將四十年未嘗自列詔特與四官遂轉朝散大夫三年冬三納祿優詔不允四年秋秩滿特命提舉隆興府玉隆萬壽宮五年夏上以

公連歲納祿舉大梁同載之言諭大臣使畱公仍進
端明殿學士六年冬三省復奏公祠滿上曰銓雖老
不衰昨去國欲他日從朕中原朕常壯其言可召歸
處以經筵公引疾力辭因陳時病五事且曰劉珙張
栻將死其言甚忠李椿鄭鑑之去國論議皆有補陛
下盍念之顧何以老臣爲上知公不能來七年春超
轉朝議大夫再食與國宮祿公稱疾篤四月加資政
殿學士致仕五月庚辰薨遺表猶欲爲鬼癘賊贈通
議大夫官其後三人享年七十有九初封廬陵縣開

國男加至本郡開國侯食邑自三百戶積至一千五百戶實封戶百是年冬十月丙午葬於縣之儒行鄉松山原祖塋之右以子升朝遇郊恩贈通奉大夫娶劉氏中散大夫湖南提點刑獄公事敏才女先公卒贈淑人五男泳承務郎監江淮總領所惠民局兼行宫雜賣場淳熙初卒官澥今爲奉議郎前沿海制置司幹辦公事賜緋魚袋能世其家浹承務郎㳺承奉郎沖未命夭五女適從事郎道州司法參軍嚴萬全福唐葉昌嗣上饒方自厚通直郎簽書昭信軍節度

判官廳公事賜緋魚袋王宗孟將仕郎王藏孫男十六人櫬承事郎辟廣南西路轉運司主管文字槼文林郎監泉州市舶務棫承奉郎桯枫楷梃栟機槐櫝柏梓檖檬椅孫女七人惟公忘身爲國首倡正議人巳知敬畏又平居持論鯁挺視權貴不善趨向有不正輒奮踊欲扼其吭略無顧避士大夫以是疑公特立獨行不可得而親其實篤厚恭寬孜孜樂善常欲以學道愛人之實施諸有政既不大用於朝嘗三拜二千石復未及布宣於外故公之剛雖表表愈顯而

其仁心則罕知者昔蘇文忠作剛説謂夫子以剛毅巧言辨仁不仁深闢太剛則折之論由公視之其信而有証哉公性孝友在海南聞母喪慟絶水漿不入口一夕鬚髪盡白當任子先禄兄之子歲時會聚宗族恩意周備收恤貧弱不計家之有無與朋友交情文兩盡田父野老蕘兒牧夫亦接以禮得其懽心自奉儉約非賓祭食不重味間被君賜可辭則辭不可辭則以賙人先疇外寸地無所增識者歎服公聰明絶人又能堅忍勤苦聖經賢傳晝夜繹思古文奇字

悉力研究發爲文章雄深雅健淸新藻麗下筆輒數百言尤刻意詩騷用事深遠措辭奇崛後生投贄率次韻以酬多至百韻數十篇愈出愈工字畫端勁兼通篆隸碑版一出人爭傳玩邃於禮學能躬行之冠昏喪祭必遵古訓釋老異端一切屛棄親舊慶弔寒暑不輟自壯至老始終如一在新興名室曰澹晩號澹菴老人遂以名其集總一百卷又著易拾遺十卷書解四卷春秋集善三十卷周官解十二卷禮記解三十卷經筵二禮講議一卷奏議三卷學禮編三卷

詩話二卷活國本草三卷自公之歿其子以門人今秘書監楊公萬里所狀行實來求銘某自少知慕公名迨隆興初先後入兩省中間郊居從游幾十年已復近宿玉堂凡公文行皆親熏而炙之銘其敢辭獨念公官品雖未應謚而名節如此顧在隱德邱園之下耶幸從執政之後當任斯責暨尸宰事始奉明詔謚公忠簡而郡庠又以公配祠六一先生然後哀榮兩備銘公有辭矣銘曰

河入中國地卑而傾屹立底柱其勢乃分江會三峽

湍束於隘截然灩澦其流乃殺天方驕敵帝維念親
事之至難有君無臣齗齗滿朝其瀾孰障言言胡公
正論獨抗鼎鑊刀鋸視之猶無嶺海崎嶇不曰夷塗
相欲殺公彼憸趨和天子仁聖公卒無禍晚儀王朝
素志弗移不會於梁則繫乎時富貴壽考百年之頃
孤忠大節千古惟永懦夫以立清哉伯夷孔孟亟稱
公乎得師祀在鄉校傳在國史刻詩新阡與宋無止
見省齋
文藁

文集附録卷中

跋忠簡胡公先生諫草　楊萬里

澹菴先生之孫槻寄示先生諫草凡十一行卒章云臣不忍見邊寇入門等語其痛次骨萬里讀至此不覺涕泗之沱若也葢當是時和戰之雜之時也國是數定而屢揺國勢將怯而復壯仲尼曰民到于今受其賜見誠齋集

文集附録卷中

跋張魏公答忠簡胡公書十二紙

楊萬里

此帖十二紙皆紫巖先生魏國忠獻張公答澹菴先生忠簡胡公手書也紹興季年紫巖謫居于永澹菴謫居于衡二先生皆六十矣此書還往無一語不相勉以天人之學無一念不相愛以國家之患也萬里時丞零陵一日併得二師今犬馬之齒七十有六夙夜懼此身將爲小人之歸復見此帖再拜三讀二先生忽焉洋洋乎如在其上如在其左右見誠齋集

文集附錄卷下

承務郎胡君泳墓誌銘　　周必大

君諱泳字季永吉州廬陵人曾祖愷妣張氏以百歲封孺人祖載贈朝議大夫妣碩人陳氏張氏父澹菴先生銓以勁節危言爲國司直雖小夫賤隸椎髻卉服無不知其姓名今爲龍圖閣學士妣碩人劉氏紹興八年先生自樞掾黜佐福州幕道由姑蘇而君生故小字蘇郎六歲隨先生調新州已能背誦春秋詩人陳元忠試之如流目爲春秋生先生再貶朱崖渡

海道瓊故參知政事李公光在焉見君穎悟許妻以孫自瓊過儋耳拜蘇文忠遺像於動鏡閣喟然興歎年方一星終人皆異之既抵朱崖先生聚徒受業諸生執一經求訓解君甫弱冠往與討論二十六年秦丞相死先生與李公皆内徙初秦氏揭二公及趙丞相姓名於格天閣趙丞相前薨至是先生賦詩有閣下大書三姓在海南惟見兩翁還之句君口不絶吟先生曰孺子可教因授以句法三十一年春侍先生歸廬陵講道家塾兄弟怡怡如也今上登極先生自

吏部郎不逾時以左史入詞掖遂爲兵部侍郎君曰從中朝名士游聞見浸博隆興初郊奏補右承務郎家居累年或勉以仕則曰吾斯之未信乾道七年先生固命君類試中之虞丞相邀與相見暑不干以私調監淮西江東總領所太平惠民局兼監行宫雜賣場先是先生得旨進以所解易春秋及二禮君日夜編次讎校先生賴之淳熙元年春君當之官而不忍去親先生曰吾固欲泛大江游金陵其亟具舟吾與爾俱君乃迎侍以行留守劉公珙以二府重望少許

可獨禮君厚薦之公車二年秋得寒疾逾月病益侵呻吟皆詩間作樂府詞旨超詣十一月庚午竟不起得年纔三十八配郎李氏其父孟堅終淮東提舉茶鹽生三子櫬桀桯又有遺腹君人物爽邁天資孝友幼居母喪如禮事所生母袁氏盡敬學有家法嘗讀横渠易至心化在熟擊節歎曰至言也請終身誦之雅好吟咏慕陳后山而學焉某蒙先生不鄙間許唱酬君輒用韻見詒語皆驚人葢天才有過人者充其素藴必將發聞於世一命而逝可哀也已弟瀣浹澿

及其孤奉先生之命卜以三年夏四月壬辰葬君吉水縣中鵠鄉白蓮塘之原使以妹壻葉昌嗣之狀來請銘某按禮記延陵季子適齊而長子死葬於嬴博之間既葬而封既封三號遂行孔子曰季子吳之習禮者也葢言其在吳爲習禮耳既而曰季子之於禮其合矣乎是又疑之之辭也周禮以長子爲門子謂將代父當門者也其事重矣昔就其養於所居之官今返其柩於父母之邦若先生者可謂知禮矣銘曰木生荆山旣厚其培雨露濡之庶幾條枚飄然振林

秀者先折天乎奈何尙茂來葉見省齋文藁

文藻案近時鄉先輩翟灝纂四書考異引洪興祖論語說曰季氏篇或以爲齊論胡泳論語衍說曰洪氏疑此篇爲齊論以其皆稱孔子且篇內十四章皆條列而詳備與上下諸篇不同然亦無他左驗也云云攷承務公墓誌銘不詳其有論語衍說之作据楊誠齋集則深於論語之學者乃學林公非承務公也學林公著論語集解周省齋爲序且季氏篇皆稱孔子說與省齋

之序合則是洪氏之語乃指學林公而誤屬之
承務公也明矣謹附識以俟攷

胡英彦墓誌銘

楊萬里

澹菴先生胡公以道德文學師表一世仁濡義染丕變大江以西而其宗族家庭俊茂尤角立其好學刻深乃操清苦克肖先生者猶子英彦也英彦諱公武年十三爲黌庠春秋弟子員一試出諸先生上郡博士汪俣劉夙舉之吃吃也招爲春秋師似夙學者英彦覃思經訓鉤沈聖處出入百氏洞視根穴至論道原獨謂求聖道當自論語始以韓子始孟爲非是乃取賈誼揚雄李翱等解爲集註論語若干卷傳以新

意自鄭康成王肅馬融之外史漢所引臣瓚顔秘書輩皆注釋闕文異義靡不裒萃成一家言今參政周公甚愛其書爲之序性嗜文尤工於詩其句法祖元白而宗蘇黄追琢光景繪事萬彙金春玉應山高水深獨造其極晚自號學林居士澹菴先生賡讀書城南詩韻以最之蜀人何子應亦寄以詩而子亦嘗爲賦之云其論文格不苟如范浚明尤所厚者嘗以書與之上下其論往復千里歲在癸巳嬰末疾自是沈綿無瘳後六年卒實淳熙六年十二月晦也享年五

十有五有詩若干篇詩話若干卷論語叢書三卷又集音二卷文髓十卷注蘭臺及淮海詞各若干卷曾祖諒故將仕郎祖方中父宗古皆隱不仕娶劉氏故丞相楚公沆之曾孫男四人梠槁梔梲皆志學女適劉德衍鄧執規次許嫁蕭景衡餘尚幼梠將卜葬英彦於某所其兄箕狀其言行來謁銘銘曰

嗜古入骨琱句得髓不爵不齒竟以窮死旣獲乎此又覬乎彼不曰責天無已吁見誠齋集

文集附録卷一

學林賦

楊萬里

吾友劉英彦取班孟堅序傳之卒章與黄豫章求益窗下之意命其齋房曰學林誠齋野客楊萬里爲賦之其辭曰

學林先生宇宙一室書冊永日江聲山影排戶而顧交詩臞書癡牢關而不出客有念其幽獨者闖然詣之仰瞻其元霧之中則垢以銖兩計也俯視其烏皮之几則埃以分寸量也客意若不釋然者而問先生曰子奚若是哉癡臞之爲雙埃垢之爲鄉世與子忘

乎子與世忘耶先生塊然若不聞者徐顧客曰子可與談乎俄掀眉而奮袖粲玉齒之有光源以開闢波以帝皇幽以天緯焯以人綱脞以虞初之破碎粹以東家之文章初松風而澗水忽玉磬而金簧客驚而自失曰吾鄉也病子吾今也敬子子殆近於道者耶不然何癡於今而默於古歟何臞於貌而腴於文歟何埃其外而不埃其心歟何垢其中而不垢其德歟子殆近於道者也雖然子之幽且遐者吾不能以問子子亦不能以告我也願問其膚而已吾聞檀柘有

鄉一不明不植也玉石有琢不友不益也今子也十趾之下無百里之歷兩耳之實無單辭之獲則子也既絶學乎諒直矣不幾於不羽而翺書囿不脛而趍聖域哉此吾之所以不惑而不得也先生曰非竹實林惟書爲林今吾百聖之與居羣書之與曹蓋終日揖遜其間之不暇子猶病吾虛空之逃耶客聞而悟出而喜謂其人曰吾有聞矣吾有聞矣其人曰子烏聞此客曰吾聞之學林之叟學林之叟聞之小德之父小德之父聞之叔皮之子見誠齋集

胡英彦論語集解序

周必大

論語記夫子善言簡易明白而褒貶勸戒實同春秋羣弟子緫而述之之時於稱謂尤爲有法凡門人問答率稱子若夫子及時諸國君臣則姓以别之如是者十八九獨季氏一篇皆切責冉求之言每章必稱孔子無它絶之也此與春秋之義何異推類以求則行夏之時從周之文管仲之稱仁昭公之知禮筆削微旨皆行乎其中矣學林胡英彦辨博該貫泛通六藝諸子百家之書而以論語爲宗古今註解自漢賈

生揚子晉何氏唐韓柳氏周熙塒於本朝邢氏劉原父歐陽氏司馬溫公程正叔二蘇謝顯道數十家片言之相涉一說之可取如醫儲藥賈居貨惟患其不備所得既富則徐爲折衷而以其先君子隱居口講與夫從叔侍讀公新說繫之又爲叢書三卷掇拾遺餘集音二卷攷証同異博觀約取期明道而後止謂予使序卷首予聞聖人之言若近而其旨甚遠仁者見之謂之仁智者見之謂之智雖大賢有不能盡況後學乎自漢以來乃始擅專門之業黨同而伐異欲

以一說盡聖人之藴斯亦過矣惟胡氏世傳春秋學英彦尤致意焉是書也集諸儒之説而以道爲之權衡是非取舍不敢銖兩輕重其心間有旨雖殊而理通亦並存之以廣務使學者優柔而自求饜飫而自趨非深於春秋能如是乎其用心過漢儒遠矣予故樂爲之書乾道六年四月一日見省齋文藁

文集附錄卷下終